세상을 향해
지랄할 수 있는
그냥 하기의
힘

세상을 향해 지랄할 수 있는
그냥 하기의 힘

초판 1쇄 발행 2019년 9월 30일

지은이 김범준
발행인 홍경숙
발행처 위너스북

경영총괄 안경찬
기획편집 김효단, 문예지

출판등록 2008년 5월 6일 제2008-000221호
주소 서울 마포구 토정로 222, 201호 (한국출판콘텐츠센터)
주문전화 02-325-8901

디자인 김종민
지업사 월드페이퍼
인쇄 영신문화사

ISBN 979-11-89352-17-2 (03190)

책값은 뒤표지에 있습니다.
잘못된 책이나 파손된 책은 구입하신 서점에서 교환해 드립니다.
위너스북에서는 출판을 원하시는 분, 좋은 출판 아이디어를 갖고 계신 분들의 문의를 기다리고 있습니다.
winnersbook@naver.com Tel 02)325-8901

이 도서의 국립중앙도서관 출판예정도서목록(CIP)은 서지정보유통지원시스템 홈페이지(http://seoji.
nl.go.kr)와 국가자료공동목록시스템(http://www.nl.go.kr/kolisnet)에서 이용하실 수 있습니다.(CIP제어
번호: CIP2019031835)

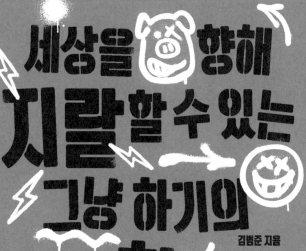

세상을 향해 지랄할 수 있는 그냥 하기의 힘

김범준 지음

역시 인생은
열심히 하는
맛에 사는 거지!

WINNER'S BOOK

'무엇을 했는지'가
중요한 시대가 왔다

1.

생각이 많으면 무엇이든 하지 못한다. 지랄 같은 세상을 사는 힘은 세상의 지랄에 함께 지랄할 수 있는 뻔뻔함이다. '왜 그런 걸 하는 거야?', '그것 봐. 내 말대로 하지 않으니 그 모양 그 꼴이지'와 같은 말들, 이제 듣기 싫다. '너는 내가 하라는 것을 마땅히 해야 한다'는 누군가의 명령은 거부하련다. 대신 "나는 내가 하고 싶은 것을 한다"라고 선언하기로 했다.

지금이야 이렇게 말하지만 과거의 나는 생각이 많았다. 걱정과 고민이 많았고 위축되어 있었다. 그래서 할 수 있는 것이 많았음에도 할 엄두도 내지 못한 경우가 한두 번이 아니었다. 누군가의 눈이 두렵다고, 누군가와 부딪히는 것이 귀찮다고 스스로 나를 옭아매면서 포기하기 일쑤였다. 뭔지 모를 두려움에 시작조차 해내지 못했다. 결국 아무것도 하지 못했기에 아무것도 이뤄내지 못했다.

2.

"시작은 실천보다 중요하다."
"실천은 행동보다 중요하다."
"행동은 결과보다 중요하다."

먼저 시작해야 하고, 시작했으면 실천해야 하며, 실천했다면 끝까지 해내는 행동이 있어야 한다. 나는 이제 그냥 시작한다. 실천하려고 하며, 어떤 일이든 끝을 보려고 행동하는 데 주저하지 않는다. 실패? 그것은 내가 세상을 향해 나아갔던 격렬한 도전의 증거라고 당당하게 말할 수 있다.

3.

무엇을 시작하기 위해 동기를 먼저 찾아내려고 애를 쓰는 것은, 그리고 나서야 비로소 실행하여 성과를 얻으려는 것은 제3차 산업혁명 시대의 성공 프로세스다. 지금은 제4차 산업혁명 시대다.

이제는 시작이 중요하고, 실천이 중요하며, 행동이 중요하다. 일단 행한 후에 자신이 해낸 것을 관찰하면서 개선해나가는 것이 중요해졌다. 그래서일까. 최근 경영계의 화두로 애자일Agile이 각광받고 있다.

애자일은 단어 의미 그대로 '민첩함'이란 뜻을 지닌다. 하드웨어적 사고의 틀과 행동 양식에서 벗어나 신속하게 자기 테스트와 피드백을 거듭함으로써 급변하는 환경에 대응하는 사고방식이다. 빠른 실패를 응원하는 이 방식은 고정된 사고방식에 머무르지 않고 신속하게 방향 전환을 하는 '유연함'과 결합하여 최근 조직 성과 관리의 방법론으로 자리하고 있다. 오직 기업만일까. 개인에게도 마찬가지로 중요하다.

세상이 빨라졌다고 무작정 급해져야 한다는 말은 아니다. 동기보다 행동이 우선이라고 아무렇게나 시작부터 하라는 말도 아니다. 무엇을 하기에 앞서 무의미하게 그 행동의 시발점을 기다리다가는, 확실한 성과를 확인할 때까지 끝도 없이 완벽한 계획만 설계하다가는 '아무것도 하지 못하는 아무것도 아닌 사람'이 되는 것을 각오해야 한다. 그래서 이 말을 해주고 싶다. 그럴 바에야 그냥 하고 말겠다. 그게 무엇이든.

4.

몇 년 전 방송된 주말 드라마 〈아버지가 이상해〉에서 등장인물 변혜영은 역지사지의 진정한 뜻은, '역으로 지랄해줘야 사람들이 지일인 줄 안다'라며 명언을 남겼다.

나를 진심으로 위해주는 사람도 세상에는 분명히 있다. 하지만 쓸데없는 오지랖을 떨면서 내 앞길을 막는 사람도 여기저기에 꽤 많다. 내가 하려는 일을 이렇고, 저렇고 하면서 훼방을 놓는 사람이 있다면 '변혜영의 역지사지'를 머리에 떠올려보자. 쓸데없는 생각 따위는 그만두고, 누가 말해주는 의미 없는 간섭 따위는 외면하고, 원하는 것을 그냥 하면 된다. 그러니 이제 그만 보고, 그만 듣고, 그만 두려워하자. 대신 그냥 하자.

2019년 지랄하기 딱 좋은 계절
김범준

목차 ━━━━━━━━━━━

01
생각 없이 사는 인생의 재발견

02
아주 작은 실천의 힘

03
끝이 어디든 끝까지 해내는 기술

01

생각 없이
사는
인생의 재발견

01

생각 없이 살면
이렇게 됩니다

술을 끊고 싶은 사람이 있다. 어느 날 자신의 몸이 술 때문에 엉망이 되었다는 사실을 깨달았다. 가족도 난리다. 남편, 아빠, 그리고 아들의 알코올 중독 초기 단계를 걱정스러워한다. 그래서 결심했다. '술을 끊겠다!'라고. 그런데 이것이 그렇게 쉽지 않다. 딱 여기서 생각이 끝나면 되는데 그것이 만만찮은 것이다.

문제는 생각이다. 생각의 적은 생각이라는 말이 있다. '술을 끊겠다'라는 생각이 '술을 끊으면 어떻게 될까?'라는 또 다른 생각으로 이어지면서 원래 하던 생각을 실행으로 옮기기 힘들다는 것이다.

'직장인인데 인간관계를 위해서라도 일주일에 한 번 정도는 동료들과 술 한잔하는 게 맞지.'

'나는 영업사원 아닌가? 중요한 이슈가 있을 땐 고객을 모시고 제대로 접대해야 하지 않겠는가? 여기에 술을 빼면 제 할 일을 안 하는 것이지.'

생각은 어느새 핑계와 변명이 되어버린다. 결국 남는 것은 '술을 끊겠다고 결심했다는 생각' 외에는 아무것도 없다. 이제는 생각과 이별할 때다. 인생이 늘 그냥 저냥, 하루하루를 대충 수습해서 사는 답답한 시간의 흐름이었다고 생각한다면 생각과 잠시 거리를 둘 때가 되었다.

잘 나가는 누군가의 인생 모토도 '생각하지 말자'였다.

"생각을 너무 많이 하지 말자'입니다. 저 스스로 터득했어요. 고민한 끝에 도달한 결론입니다(웃음). 직관이 중요한 것 같아요. 가위바위보를 할 때 상대방이 '주먹을 내겠다'고 말하면 내가 보를 내야 이기잖아요. 그런데 그가 역정보를 흘리고 불쑥 가위를 낸다면? 주먹을 내야 하나? 아니지. 거기까지 계산할지도 몰라. 그렇게 생각하면 끝이 없지요. 저는 처음에 맞다 싶은 길로 가는 편이에요."

— "굿바이, 쇼팽", 박돈규, 〈조선일보〉, 2018년 9월 1일

위 인터뷰의 주인공은 조성진이다. 1994년 출생의 '아직도' 20대 청년이며, 파리 국립 고등음악원에서 공부한 피아니스트다. 2015년 한국인 최초 쇼팽 국제 피아노 콩쿠르 우승을 계기로 유명해졌다. 흰 건반 52개와 검은 건반 36개를 자유로이 누비며 수많은 관객 앞에서 연주해야 하는 피아니스트 조성진 역시 이런저런 생각에 잠기는, 낭비적인 시간을 이겨내고 싶었나 보다. 그래서 그가 선택한 것은 쓸데없는 잡념이 아닌 자신의 직관이었다.

세계적인 피아니스트의 인생 모토는 '생각을 너무 많이 하지 말자'였다

생각에는 '좋은 생각'과 '나쁜 생각'이 있다. 세상을 향해 긍정적인 방향으로 성장하려는 마음은 좋은 생각이다. '좀 더 나아지기 위해 지금 당장 무엇을 해야 하지?'와 같은 것이 좋은 생각의 대표적인 예다. 하지만 조성진이 인터뷰에서 '생각을 너무 많이 하지 말자'고 했을 때의 생각은 좋은 생각이 아닌 나쁜 생각을 말하는 것이었을 테다. 나쁜 생각이란 대표적으로 '걱정'을 들 수 있겠다.

걱정은 '안심되지 않아 불안한 감정 또는 어떤 것을 위하거나 생각하는 마음'이다. 그런데 이 걱정이란 것이 하면 할수록 는다. 걱정도 레벨이 있다. 아무 생각 없이 살면 걱정이 없다. 걱정이 쓸데없이 많아지는 순간 그 걱정은 우리의 몸과 마음을 무기력하게 한다. 걱정의 레벨이 늘어나 봐야 할 수 있는 것은 '무언가를 하지 못함'뿐이다.

고등학교 때, 용불용설用不用說을 배웠다. '생물에는 환경에 대한 적응력이 있기에 자주 사용하는 기관은 발달하고 그렇지 않은 기관은 퇴화한다'는 학설로 프랑스의 진화론자 라마르크가 주장한 이론이다. 기린은 높이 달린 나뭇잎을 먹느라 목이 길어졌다는 사례로 선생님이 설명했던 기억이 있다.

걱정 역시 마찬가지다. 어느 정도 걱정은 생존해야 하는 우리에게는 필수적이다. 하지만 지나친 걱정은 생존을 오히려 막는다. 대체로 하면 할수록 인생에서 가장 쓸데없는 일에 불과하다. 걱정이 많아 봐야 인생에서 원하는 것을 얻는 것은 더뎌지기만 한다. 내가 무엇을 원하는지 결정했다면 더 이상의 걱정보다 빠른 계획과 신중한 실행만이 눈앞에 펼쳐져야 한다.

부끄러운 고백이 되겠지만 이렇게 말하는 나 역시 걱정이란 늪에 빠져 허우적대는 나약한 인간이었다. 삶의 순간마다 지나치게 민감하게 반응했고 또 그것을 다시 나 자신의 걱정으로 쌓아나갔다. 특히 진정으로 하고 싶은 것을 하려고 할 때, 최선을 다해 열심히 했다가 실패했을 때, "생각 좀 했어야지"라는 말을 들었을 때 쉽게 주눅이 드는 것은 물론 새롭게 시작하기를 스스로 포기한 경우가 많았다.

생각은 '사물을 헤아리고 판단하는 작용' 혹은 '어떤 사람이나 일 따위에 대한 기억'이다. 얼핏 보면 그리 나쁘지 않은 개념 같다. 하지만 생각이 생각으로 이어지고, 이어진 생각이 또 다른 생각으로 이어지면서 정작 한 발자국도 앞으로 나아가지 못하는 자신을 발견한다. '행동 없는 생각'은 결국 '쓸데없는 걱정'으로 확대된다.

'내가 이렇게 말하면 그 친구가 나를 버리겠지?'

'괜히 먼저 말했다가 주제넘게 나선다고 하겠지?'

'시작했다가 중간에 그만두면 돈만 날리는 거겠지?'

'그냥 피하는 게 낫겠지?'

소극적이며 수동적으로 살게 된다. 과거의 내 모습이 그랬다. 실패를 두려워했고, 좌절에 미리 항복했으며, 시작 자체를 무서워했다. 나는 나를 성장시키지 못했다. 생각을 멈출 줄 아는, 걱정을 내려놓을 줄 아는 바로 그 어느 순간까지.

최악의 가설로
최소의 행복만을 누릴 것인가

생각은 많되 행동하지 않았으니, 어쩌면 행동함으로써 마주칠

최악의 상황은 비껴간 채 살아가고 있다고 긍정적으로 보는 사람도 있을 듯하다. 하지만 매사에 생각하고 걱정하고 노심초사하며 살다 보니 삶은 늘 기진맥진 상태였음을 고백한다. 확정되지 않은 미래의 공포에 대응하느라 더 나은 미래를 그려볼 상상력은 빈곤해졌으며 한 발자국도 나아가기 쉽지 않았다. 돌이켜보면 최악의 가설로 최소의 행복을 누리는 '방어적 비관주의자'였다.

인생의 목적은 무엇인가? 나아가는 것인가, 아니면 어떻게 해서든지 현재 모습만으로 살아가는 것인가. 좀 더 나은 우리가 되고 싶다면, 우리 주변을 아름답게 만들고 싶다면 지금 앞으로 나가기를 두려워할 이유는 없다. 피아니스트 조성진이 인생 모토로 삼은 것처럼 이제 생각 따위는 제발 하지 않고 살겠다고 결심하고 시작하면 된다. 그러다 누군가 우리에게 "생각 좀 하고 살아라!"라고 했을 때 이렇게 대꾸하면 된다.

"내가 왜? 나는 생각 좀 하지 않고 살기로 결심했는데?"

02

하찮은 걱정이
나를 짓누른다

한 달 접속자만 1억 명이 넘는 게임 리그 오브 레전드LoL에서 '황제'라는 수식어를 지닌 사람이 있다. 바로 한국인 이상혁, 20대 초반의 프로게이머다. 해외 경기에 나설 때마다 공항에 팬이 몰려들고, 출전하는 세계의 수많은 경기는 매진을 기록한다. 이상혁은 프로페셔널이다. 연봉이 프로페셔널의 수준을 대변하는데, 이상혁의 연봉은? 추정이지만 30억 원, 그 이상이다.

모든 것을 이룬 사람이다. 하지만 '정상을 지킨다'는 것의 어려움은 늘 도전하는 것보다 정신적 압박을 크게 받게 한다. 어쩌면 그 걱정과 불안은 우리의 것과는 달리 상상도 할 수 없을 만큼 강

력할지도 모른다. 그런 그가 불안과 걱정, 어려움으로부터 자신을
지키는 방법은 의외로 소박했다.

"스트레스는 잠을 푹 자거나, 책을 읽으면서 떨치려고 한다. 학교 다닐
때 독서를 즐기는 편이 아니었는데 2015년 3년 차 프로게이머가 되면
서 소설책을 읽어 보니 재미있었다. 언젠가 소설을 읽는 모습이 노출된
뒤로는 팬분들이 다양한 책을 많이 선물해주셨다. 지금은 장르를 가리
지 않고 읽는 편이다."

– "연봉 30억, 세계 최고 프로게이머…'페이커' 이상혁", 이용익, 매일경제, 2018년 12월 22일

이상혁은 자신을 삼키려 드는 걱정에 괜한 혼란을 스스로 유발
하지 않을 줄 아는 사람이다. 자신이 하는 일에서 걱정이 생기면
잠자거나 독서하는 소박한 방법으로 에너지를 충전한다. 그리고
곧 회복하여 다시 자신의 일로 돌아온다.

연봉 30억 원을 받는 프로페셔널이
걱정을 다루는 방법은 책 읽기다

세계 최정상의 게이머가 불안과 스트레스를 이기는 방법으로
독서를 선택한 것이 흥미롭다. 걱정의 대상인 게임과 전혀 무관한
독서, 그것도 소설 등 문학을 읽음으로써 새롭게 시작할 힘을 비

축해둔다는 것이 대단하다. 걱정에 몰입하는 것을 경계하는 방법으로 걱정의 대상과 전혀 관계없는 일로 긴장을 풀어낼 줄 아는 사람이다.

우리도 각자 나름대로 걱정을 다루는 법을 만들어야 한다. 사람마다 걱정을 다루는 법이 나름대로 있겠지만, 걱정을 다루는 몇 가지 방법을 안내하고자 한다. 참고하되 자신에게 맞게 수정하거나 새롭게 찾기를 바란다.

첫째, 나와 타인의 다름을 인정한다.

다르다, 다르다, 다르다. 이 말을 받아들인다. 힘들지만 그냥 받아들인다. 받아들이고 또 받아들이는 연습을 한다. 받아들일 용기가 생겼다면 이제 '다르기에 그럴 수도 있었겠다'라고 생각하는 훈련이 필요하다. 이것이 잘 되지 않으면 인간관계는 늘 긴장의 연속이다.

'거봐, 내가 이럴 줄 알았다니까….'
'어떻게 저럴 수가 있지?'
'도대체 이 사람을 이해할 수가 없어.'

나와 다른 타인의 존재를 있는 그대로 받아들이는 것은 현명하다. 다름을 인정하면 걱정하던 일이 설령 실제로 일어난다고 할지라도 여유 있게 받아들인다. 물론 나 역시 타인을 그대로 받아들이는 여유는 여전히 갖추지 못했다. 아니 점점 더 힘들어지는 느낌이다. 그럼에도 타인을 있는 그대로 받아들이려는 연습을 오늘도 조금씩 해나간다.

둘째, 여기 이 순간을 있는 그대로 받아들이고 느낀다.

당신은 이렇게 말할지 모른다. '나는 현재를 살고, 세상에 열려 있으며, 충분히 지각한다'고 말이다. 하지만 과연 그럴까. 스마트폰을 들여다보는 데 정신이 팔려 자신이 무엇을 온전히 느끼는지에는 관심 따위도 없지 않나. 시시때때로 과거에 사로잡히고 미래 걱정에 여념이 없지는 않나. 사실 우리는 주변의 세계에 온전히 빠져들지 못한다. 언젠가 정신적으로 힘든 일을 겪던 나에게 친한 후배가 이런 말을 했다.

"선배, 정말 중요한 것이 무엇인지 생각해보세요. 선배 자신 그리고 가족 아닌가요?"

나이는 나보다 몇 살이나 더 어린 후배의 말을 듣자마자 놓지 않고 꼭 쥐고 있던 '쓸데없는 걱정' 하나가 순식간에 사라지는 경험을 했다. 왜 나를 괴롭힌 사람이나 사건에 얽매여 사는 걸까, 라는 생각에 이르니 나 자신이 우스울 정도였다.

우리는 자신만의 생각에 너무나 몰입한다. 편견에 불과한지도 모르는데 어떤 의미가 있는 것이라고 착각까지 한다. 그러다 보니, 과몰입한 생각을 실제 세계 그 자체보다 더 심각하게 받아들이기에 십상이다. 떠도는 생각에 또 다른 생각으로 대응하면 오히려 그 생각에 더 사로잡힌다. 심하게 저항할수록 더욱 걱정의 노예가 되어간다. 이를 극복하는 가장 좋은 방법은 여기 이 순간을 즐길 줄 아는 일이다. 지금을 받아들이는 사람에게 걱정은 그리 큰 걱정이 아니게 된다.

셋째, 걱정의 대상과 전혀 관계없는 무언가를 걱정 해소의 방법으로 삼는다.

걱정은 일종의 생각이다. 생각은 관념이다. 이제 관념보다 생생한 감각에 집중해볼 차례다. 스마트폰은 놔두자. 그것은 답이 아니다. 대신 우리를 둘러싼 세계에 녹아들려는 노력을 아끼지 않는다. 걱정이 걱정의 꼬리를 물 때 일상에서 이를 멈출 수 있는 실질적인 방법이다.

예를 들어 커피를 마실 때는 향을 음미하고, 식사할 때는 맛에 집중한다. 어떤 일을 걱정할 때 커피 한 잔이 필요한 경우가 많다.

그때 한꺼번에 두 가지를 하지 말아야 한다. 스마트폰을 보면서 커피를 마시는 일, 이런 행동은 그만둬야 한다. 불안한 걱정이 피어올라 커피라도 한잔 마시는 상황이라면 커피 향, 커피 맛 자체에만 집중해보라. 단 5분이라도 괜찮다. 얼마 안 되는 그 시간만으로도 어느새 걱정이 저 멀리 물러나 있는 것을 발견할 테다. 다시 말해, 걱정을 더 객관적으로 볼 수 있는 여유를 가질 것이다.

우리가 걱정하는 일의 99퍼센트는 실제로 일어나지 않는다

걱정이 삶을 짓누른다면 그것과 투쟁할 방법을 개발해보도록 하자. 걱정에서 벗어날 수 있는 무언가를 걱정을 이기는 수단으로 삼아보자는 것이다. 그 수단이 인생에 유익하다면 어떤 것이라도 좋으니.

03 그 일이 일어나면 누가 죽는데?

사람은 자신이 한 일보다 하지 않은 일을 더 후회한다는 연구 결과가 있다. 삶의 기회를 놓쳤다는 후회와 아쉬움은 그리 쉽게 잠재의식에서 사라지지 않는다는 것이다. 나 역시 그런 후회를 너무나 많이 했다. 걱정만 하면서 망설이다 결국 시도조차 못 해본 것들은 자다가도 생각날 정도로 아쉽다. 그것은 공부, 직장, 사랑 등 삶의 모든 분야에서 상처로 마음 여기저기에 남았다.

'그때 해야 했는데.'
'그냥 해도 괜찮았을 텐데.'

다행인 점은 지금은 그냥 하는 데 익숙하다는 것이다. 걱정과 불안 따위는 일단 내려두고 말이다.

나는 글을 쓴다. 그냥 혼자 글을 끼적거리는 것도 좋아하지만 어쩌다 보니 원고료를 받고 글을 쓰게 되었다. 원고료는 원고를 의뢰하는 곳의 사정에 따라 많기도 혹은 적기도 하다. 가능하면 요청이 있을 때 '그냥' 쓴다.

몇 년 전 일이다. 내 책을 읽었다는 독자에게 메일을 받았다. 메일 내용은 책을 출간하게 되었는데 추천사를 써달라는 요청이었다. 고민이었다. 그 원고를 읽어야 하고 또 내용에 맞춰 추천사를 써야 하는데 마침 시간이 그리 많지 않은 상황이었다. 게다가 그 사람을 몰랐다. 내 책을 읽었다는 독자, 전문직에 종사하는 사람이라는 기본 정보만 있었을 뿐, 한번 만난 적도 없었다. 정치적 견해가 무엇인지, 종교적 색채는 어떠한지 등도 걱정이었다. 지금 생각해보면 별 쓸데없는 걱정이지만 그때는 그랬다. 하지만 보통 그냥 하기로 하는 나, 쓰기로 했다. 그런 나를 지켜보면서 이렇게 말하는 사람들도 있었다.

"그냥 시간 없다고 하지. 그런 거까지 써서 뭐 하려고 그래?"
"알지도 못하는 사람의 원고를 왜 읽어줘?"
"돈도 안 받고 써줘?"

'굳이 그런 것까지 할 이유는 없다'는 취지로 말하는 그들에게 "시간이 있다"라고 대답했다.

회사에서 일을 마치고 집에 들어가 봐야 여덟 시나 아홉 시 무렵이다. 보통 12시 전후해서 잠자리에 드니 서너 시간이 주어진 셈이다. 그 시간 동안 책을 읽고 글을 쓴다. 사춘기에 접어든 아이들도 이미 자신의 계획에 따라 하루를 보내니 나의 손길이 그리 많이 필요하지도 않다. 게다가 집에 티브이가 없어 시간 때울 것도 마땅치 않다. 스마트폰? 온종일 스마트폰에 매여 살았는데 집에서만이라도 해방되고 싶다. 그렇다면 할 일은? 그저 책을 읽고, 글을 쓴다. 이것이 취미고 스트레스 해소법이다. 물론 써야 할 급한 원고가 눈앞에 닥쳐 있었다면, 아마 정중히 거절 표시를 했을 테다.

누군가의 삶이 담긴 원고를 읽고 또 그 원고의 좋은 의미를 부각해 세상 사람이 그 이야기에 귀를 기울이게 한다면 좋은 일을 하는 것 아닌가. 그 원고를 읽고 추천사를 쓴다고 해서 벌어질 일 중에 나쁜 일은 없다. 최악의 경우 작가가 나와 전혀 반대의 정치적, 종교적, 생활적 태도를 가졌다고 하더라도, 그래서 혹시 나중에 누군가가 "어떻게 그런 사람의 글에 추천사를 써주었어?"라고 말해도 '그냥 그런가 보다'고 넘어가면 된다.

다음으로 "그냥 재밌을 것 같아서"라고 말했다. 나에게는 '활자

중독'이 조금 있다. 무언가를 읽지 않으면 불안하다. 멋진 글을 읽을 때면 짜릿함도 느낀다. 글 쓰는 것은 더더욱 흥미롭다. 일기처럼 쓰는 글도 있기는 하지만 내 글을 누군가 읽을 것을 생각하면 흥미진진하다. 이렇게 재밌는 것을 누가 하라고 한다면? 물론 누가 대가도 지불하지 않고 상업적 글을 써달라고 하면 정중히 거절하는 것이 맞다. 하지만 경우에 따라서는 좋은 원고를 읽고, 추천사를 쓰며 응원해주는 일 정도는 충분히 할 수 있다고 생각한다.

좋은 결과가 나올 확률이 나쁜 결과가 나올 확률보다 크면, 그냥 한다

원고를 읽고 재미없었다면, 아마 추천사 쓰는 것을 거부했을 테다. 하지만 몇 장 넘겨본 원고는 흥미 있는 파트가 꽤 있었다. 또한 세상에 새롭게 나올 책을 누구보다도 먼저 읽는 즐거움으로 읽었다. 그러했기에 추천사를 기꺼이 쓸 수 있었다.

추천사를 쓴다고 해서 나에게 일어날 일 중 부정적이기보다 긍정적일 확률이 더 높다면, 그리고 그것이 기쁘고 즐거운 일이라면 해도 된다. 어떤 일이 걱정거리로 마음을 짓누른다면, 그 일을 했을 때 생길 부정적인 영향과 긍정적인 영향을 비교하여 할지 안 할지를 결정하면 된다.

하지만 우리는 예상외로 무턱대고 하지 않는 경우가 더 많다. 걱정이 앞서기 때문이다. 모호한 두려움이 스멀스멀 일어나려고 할 때, 모호한 두려움의 정체를 스스로 밝혀내지 못하기에 선뜻 시작하지 못한다. 이런저런 걱정, 즉 '쓸데없는 걱정'이 행동을 막는다.

사실 나 역시 쓸데없는 걱정을 하지 않았다고 말하지는 못하겠다. '괜히 썼다가 욕이나 먹으면 어떻게 하지?', '이 사람이 누군지 알고 추천사를 쓰는 거지?', '혹시 나쁜 사람이라면?' 이런 생각을 전혀 갖지 않았었다고 말하지는 못한다. 하지만 결정은 내가 한다. 원고를 훑어보고 특별히 내 생각과 반대되거나 사회적 도덕관념에 문제가 되는 경우가 없는 것을 확인한 후에 바로 추천사를 쓰기로 했던 것이다.

만약 걱정되는 일이 우리에게 다가온다고 해보자. 이를 어떻게 다룰 것인가. 우선 그 걱정스러운 일의 모호한 모습 자체에 주눅 들어야 할지 말아야 할지를 고민할 시간에 그 걱정의 실체를 확인해보는 것은 어떨까. 그리 시간이 오래 걸리는 일도 사실 아니니 말이다. 자신에게 해야 할 질문은 의외로 간단하다. 이렇게 자기 자신에게 물어보면 된다.

'걱정하는 일이 일어났을 때 최악의 상황은 무엇인가?'

우리를 괴롭히는 두려움의 정체는
대부분 막연한 불안 그 이상도 그 이하도 아니다

다음으로 이제 이 질문에 답할 차례다. 아무런 편견을 갖지 말고 솔직하게, 현실적으로 걱정하는 일이 실제로 벌어졌을 때 무엇이 가장 안 좋은지 답해보면 된다. '이 사람, 혹시 이걸 핑계로 나에게 책 몇 권 사달라는 거 아니야?' '나중에 자기 출간 기념회 때 오라고 귀찮게 하는 거 아니야?' '다음에 책 쓸 때 출판사 소개해달라는 거 아냐?'

마지막으로 걱정의 정체가 무엇인지를 분석해본다. 사실 별것 없다. 책 몇 권 사달라고 하면, "여유가 없네요" 하면 되고, 출간 기념회 때 오라고 하면, "시간이 없네요" 하면 되고, 다음 책 쓸 때 편집자를 소개해달라고 하면, "그건 제 영역이 아닌데요" 하면 된다. 이렇게 답하면 걱정의 정체를 알 수 있다. 걱정의 정체는 별것이 아니라 '막연한 불안' 그 이상도 그 이하도 아니었다.

이런 우화가 있다. 한 남자가 낚시하고 있었다. 그는 큰 물고기는 다시 바다로 돌려보내고 작은 물고기만 잡아들였다. 옆에서 이를 본 누군가가 물었다. "큰 물고기를 잡고 작은 물고기는 놔줘야 하는 것 아닌가요?" 그러자 낚시꾼은 이렇게 말했다.

"저도 압니다. 그런데 제가 가진 프라이팬은 큰 물고기를 올리기에는 너무 작아서요."

두려움, 걱정, 불안 등이 그동안 우리 삶을 이렇게 작은 프라이팬으로 축소했던 것은 아닌지 모르겠다. 할 수 있는, 아니 해야 하는 중요한 것은 정작 모두 바다에 던져버리고 그 작고 작은 것에만 신경을 쓰지 않았는지 궁금하다.

왜 우리는 걱정으로 인생을 작은 프라이팬으로 한정했을까. "만일 우리가 할 수 있는 일이 얼마나 많은지 안다면 깜짝 놀랄 것이다"라는 토머스 에디슨이 한 말처럼 자신에 대한 기대치를 낮추는 걱정은 부당 행위다.

"그 일이 일어나면 문제 될 일이 뭔데?" 좀 더 뻔뻔하게 자신에게 물어봐야 한다. 사람은 불분명할 때 가장 혼란스러움을 느낀다고 하지 않는가. 두려움의 정체를 파악하고 나면, 시간과 에너지를 절약하고 정신적 고통을 줄일 수 있다. 우리가 괜한 걱정에 괴로워할 시간에 지금 당장 걱정의 실체를 구체적인 모습으로 그리며 극복해내야 할 이유다.

남은 나에게 눈곱만큼도 관심이 없다는데　04

걱정은 누군가의 말에 이리저리 휘둘릴 때 생긴다. 하지만 나를 걱정해주는 누군가는 알고 보면 진심으로 나를 위해서 그러는 것이 아니라 심심해서 그렇게 말하는 경우가 많다. 그것도 아니라면 오로지 본인의 욕망대로 우리가 살지 않기에 짜증 나서 그러는 것이고.

　이것 때문에 우리는 지금 해야 할 일을 시작하지 못한다. 타인의 말 한마디마다 휘청거리는 자신을 발견했다면 다음 말을 마음속으로라도 좋으니 몇 번이고 외치기를 바란다.

'그는 나에게 관심이 없다. 심심할 뿐이다.'

'그는 나에게 관심이 없다. 오로지 자기 생각만으로 나를 움직이려고 할 뿐이다.'

누군가의 관심이 필요하다고 해서 언제까지나 그 관심에 목매는 것은 삶을 스스로 피곤하게 하는 일이다. 또한 자기 자신을 '관심병'에 걸리게 하는 그릇된 마음가짐이다. 관심을 받고 싶어 하는 욕구도 지나치면 병이다. 타인에게 관심을 받을 목적으로 일상을 설계하면, 결국 내가 원해서가 아니라 타인이 욕망하는 대로 시간을 보낼 수밖에 없다.

세상 사람이 나에게 보내는 관심 중 상당 부분이 '나를 진심으로 위해서가' 아니라는 점을 알아차려야 한다. 타인에게 휘둘릴 이유가 전혀 없는 것이다. 눈에 보이지 않는 곳에서 내 인생이 설계되도록 하고 싶지는 않다. 결국 세상에서 가장 위대한 제국은 내가 나를 다스리는 제국이니 말이다.

그런데도 우리는 다음과 같은 말에 약해진다. "너 그렇게 하면 안 돼!" "내가 해봤는데 결국 끝이 엉망이 돼." "한번 해봐, 후회할 걸?"

우리를 향한 이런 말에 흔들린다. 무언가를 시작하려는 마음이 걱정을 가장한 다른 사람의 심심함과 욕망에 얽매여 시작조차 하지 못하는 것은 억울하다. 그런데 문제는 이런 것들이 모두 자초

했을지도 모른다는 점이다. 타인의 말에 흔들리는 이유는 지나친 여유로움이 문제다. 내가 좋아하는 것이 무엇인지, 나는 어떤 사람인지 등을 모르니 남의 말에 휘둘려 정신없다.

이것은 곧 무엇을 시작할 때 자신이 스스로 정립한 비전과도 연결된다. 예를 들어보자. 공무원이 되고 싶은 취업 준비생이 있다. 이 친구의 직업에 대한 비전이 '국민에 대한 봉사'가 아니라 '안정적이고 명예로움'이라면 인생의 고비마다 흔들릴 수밖에 없다. 아무리 공무원이 좋다고 하지만 과연 평생 안정적이고 명예로울 수 있을까.

즐겁게 일하기 위해서라도 우선 내 비전과 세상이 요구하는 것이 일치하는 지점을 찾아내야 한다. 아무리 공무원 자리를 공짜로 준다고 해도 그렇다. 그렇지 않으면 결정적인 순간에 흔들리며 고통받는다. 설령 무언가를 성취한다고 해도 그 성취가 불만족일 수밖에 없다.

특히 이런 경우는 누군가가 생각한 욕망에 따라 삶을 선택할 때 자주 일어난다. 세상이 나에게 원하는 것을 덥석 자신의 비전으로 생각했다가 이것도 저것도 아닌 결과를 받아들인다면, 설령 무언가를 성취했다고 하더라도 더 이상 시작할 기운이 없다. 인생을 바꾸려면 남의 말에 의해서가 아닌 자기가 원하는 곳을 스스로 찾아가야 하고 원하는 것을 스스로 해보는 데 익숙해야 한다.

이렇게 말하는 나 또한 타인의 말, 세상의 생각에 쉽게 휘둘리던 사람이었다. 타인의 괜한 관심과 걱정에 아무것도 시작하지 못했던 일이 한두 번이 아니었다. 일단 해보고 안 되면 '멋진 실패의 기억'으로 삼아 인생의 소중한 자산으로 축적하면 되는데 말이다.

거꾸로 '하지 않음'이 필요한 순간에도 타인의 욕망에 휘둘려 어쩔 수 없이 했던 일도 마찬가지 맥락에서 아쉬운 순간이었다. '아니면 아니라고 할 수 있는 용기'가 있어야 했다. 그것은 다름 아닌 나를 위해서 필요했다. 그런데 어리석게도 누군가의 걱정에 파묻혀 이리저리 내둘렸다.

걱정만 하느라 실제로 새로운 일을 실천에 옮기기는 어색했던 나, 이제 스스로 변화하려고 한다. 일상에서 적용해볼 만한 '걱정에서 벗어나는 법' 몇 가지를 마음에 새겨둔다.

첫째, 지금 당장 할 일에 집중한다.

인생의 힘든 순간을 지나오면서 겪은 경험을 지혜로 남기는 비결은, 시간 단위를 짧게 끊어서 생각하는 것이었다. 목표? 높을수록 좋다. 하지만 목표를 '높은 상태 그대로만' 두는 것은 인생을 낭비하는 일이다. 지나치게 높은 목표로 걱정만 하는 것을 집어치우고 당장 할 수 있는 행동을 찾아내는 게 현명하다.

오늘은 무엇을 할 것인가. 당신이 회사원이라면 회사에 출근해 그저 '멍'만 때리다가 근무시간에 맞춰 업무를 시작하기보다는 노트에 하루 할 일을 한 줄씩이라도 간략하게 적어놓고 시작하면 어떨까. 개인적으로 아침에 동료들이 바로 업무에 들어갈 타이밍에 '오늘 해야 할 일은 무엇이지? 우선순위는?' 등을 고민하며 노트에 적었던 것이 업무의 시작을 더욱더 여유롭게 해주었던 기억이 있다.

지금 눈앞에 있는 문제를 마주할 용기만 낸다면, 그리고 그것에 대응하는 행동을 할 수만 있다면 생각보다 더 많은 것을 견딜 수 있다. 힘들고 어려울 때일수록, 걱정이 켜켜이 앞을 가로막을수록 아주 사소한 일부터 시작해야 한다. 그래야 원하는 것이 설령 이뤄지지 않더라도 큰일이 아니게 된다.

이를 위해서 우리가 지금 해볼 만한 것은 대단한 일이 아니라 자기 나름대로 노트에 오늘 하루 할 일의 목록을 적어보기다. 그것만으로도 괜한 근심 걱정에 일을 주저하는 어리석음에서 벗어난다.

둘째, 명확한 판단을 할 수 없다고 짐작되는 상황에서는 말을 삼간다.

혼란스러운 상황에서는 누군가가 선택을 강요하는 경우가 많다. 이럴 때는 말을 삼가는 것이 좋다. 말은 적을수록 자기에게 돌아오는 위험을 막아낸다. "어때, 내 생각이. 이제 우리 한번 같이 해보자"라고 누군가 말했다고 치자. 이때 무작정 "그래, 알았어"라는 말은 걱정을 스스로 만드는 꼴이다.

누군가의 의견이 내 의견은 아니다. 이럴 때는 신중해야 한다. 완전히 스스로 동의하는 그 순간까지 의견을 말하지 말아야 한다. 제대로 판단되지 않는 순간에 하는 말은 양심에 의무감으로 다가오며, 그것은 다시 걱정으로 일상을 지배한다.

판단하기 힘들면
판단을 멈춘다

판단할 여유가 없는데 굳이 무언가를 진행하려고 할 필요는 전혀 없다. 쫓기듯이 한 선택이 성장에 도움 되는 성과를 얻어내기는 어렵다. 그러니 판단하기 힘들면, 판단을 멈추자. "왜 말을 안 하냐?" 혹은 "얼른 하나를 선택해"라는 말에도 끝까지 말하지 않는 여유와 용기를 갖도록 하자. 나를 보호하는 일이니 말이다. 이는 결국 괜한 걱정에서 벗어나 하고 싶은 일을 하고, 좀 더 잘 해낼 수 있는 계기가 된다.

셋째, 정말 중요한 일인지 잠시 생각해본다.

'리액션'은 느려도 문제지만 빨라도 문제다. 특히 리액션이 너무 빨라서 문제가 되는 경우에는 '잠시'라는 시간의 여유를 자신에게 주었는지 되돌아보면 좋다. 사소한 일에서까지 지나치게 빠른 리액션을 보이면 오히려 실수할 수 있다. 그다지 중요하지 않은 작은 상황이나 선택 등에서 말이다.

우리는 왜 성급하게 리액션하는 것일까? 걱정과 불안이 많기 때문이다. 빨리 걱정에서 벗어나고 싶은 생각 때문에 할 일을 성급하게 하다가 실수한다. 결국 잘못된 리액션이 오히려 더 큰 걱정으로 다가오는 원인이 되면서, 일상을 짓누른다.

삶의 여유란 무엇일까. 퇴근 후 맥주 한잔? 주말에 보는 영화 한 편? 글쎄, 나는 그렇게 삶의 여유를 규정하고 싶지 않다. 진정한 삶의 여유는 누군가의 말과 행동에 급하게 반응하지 않아도 되는 것으로 생각한다. 선택의 순간마다 자기 자신에게 잠시 시간을 줄 수 있는 사람이 인생의 강자다.

고된 삶에 무너지지 않고 의미 있는 삶을 지혜롭게 살고 싶다면, 매 순간의 걱정에서 벗어나고 싶다면 세상 그 누구보다도 소중한 자신을 스스로 압박할 이유는 없다. 숨 쉴 순간이 있어야 하고, 여유롭게 선택할 수 있는 시간을 가져야 한다. 그것이 사랑하는 나를 제대로 사랑하는 법이기도 하다.

05 생각의 늪을 극복하는 다섯 가지 방법

알레그로allegro한 세상이다. 바쁘고 빨라야 살아남는 세상. 하지만 이럴 때일수록 아다지오adagio, 즉 '매우 느리게'로 살아가는 지혜가 필요하다. 그래야 삶과 적당한 거리를 두며 균형을 맞추고 살아갈 수 있다.

우리에게 문제가 생기는 것도, 그래서 걱정으로 허덕이는 것도 돌이켜보면 섣부른 판단과 설익은 행동으로 일어나는 경우가 많다. 아다지오로 생각하고 행동하는 것이 인생을 진정으로 사랑하는 태도이지 않을까.

'알레그로'한 세상에서는
'아다지오'로 삶을 설계할 줄 알아야 한다

"지금 말하지 않으면 안 될 것 같아." "오해는 당장 풀어야 해. 나를 이상하게 볼 수도 있으니." "내 아이디어 괜찮은데, 지금 기획안을 안 내면 그냥 묻힐 거야."

너무 많은 생각이 지나치게 빠른 선택을 부른다. 생각이 많으면 실수가 덜할 것 같지만 오만 잡생각이 섣부른 선택을 하게 하고, 결국 이는 실수를 가져온다. 생각의 과잉이 오히려 성급한 판단을 가져오게 하는 것이다. 단순히 걱정이 많거나 깊게 생각하는 것과는 차원이 다르며, 건강하고 행복한 삶을 방해한다. 이런 생각의 과잉은 한편으로는 한 걸음도 시작하지 못하게 하기도 한다.

나 역시 갑작스러운 상황을 맞이했을 때, 수많은 생각 속에서 자신을 잊어버리고 엉뚱한 선택을 해서 곤혹을 치르기도 했다. 또는 곤란한 문제에 부딪혔을 때 그것이 중요한 사안임에도 무작정 연기하곤 했다. 변화하고 성장할 수 있는 인간의 가능성 대신 지나친 생각에 잠겨 새로운 것을 시도하지 못하는 불가능성을 삶의 태도로 받아들였다.

'할 수 있는 무한'과 '할 수 없는 무한' 사이에 인간의 삶이 있다. 무한한 가능성에 도전할 것인가, 무한한 불가능성에 가라앉을 것인가의 문제는 지나친 생각을 어떻게 다루느냐에 달렸다. 그래서 중요하다. 지나치게 많은 생각을 적극적으로 관리하는 것 말이다.

할 수 없는 무한 대신
할 수 있는 무한을 선택한다

어떻게 하면 '생각의 늪'에서 빠져나올 수 있을까. 생각 과잉에 빠져 힘들어하는 우리가 알면 좋을 몇 가지 방법을 공유해보고자 한다.

첫째, 자신이 너무 많은 걱정에 빠져 있음을 인식한다.

'생각의 늪'에서 빠져나오기 위해서는 먼저 자신이 너무 많은 생각에 사로잡혔다는 사실을 인식해야 한다.

그것이 변화의 첫걸음이며 새로운 것을 시작할 수 있는 에너지를 만드는 좋은 방법이다. 계속 스트레스와 불안을 느끼는 자신을 발견했다면 즉시 그 생각을 멈추고 현재 주어진 상황과 자신의 반응을 돌아본다. '아, 내가 지금 불안과 걱정으로 아무것도 하지 못하고 있구나!' 문제를 인식하는 것만으로도 변화의 싹을 틔울 수 있다.

둘째, 좋은 기억을 소환한다.

생각을 지나치게 하는 이유는 대부분 한 가지 감정에서 비롯한다. 바로 두려움이다. 부정적인 생각의 소용돌이에 휩쓸려 두려움에 행동을 주저한다면, 모든 것이 잘 풀렸던 한때를 억지로라도 소환해보라. 다 잘 해결될 것이라는 긍정적인 생각을 끊임없이 주입해야 한다. 나는 즐거운 기억을 억지로라도 많이 떠올리려고 했었다.

맛있는 음식을 먹었던 기억, 친구들과 재밌게 이야기를 나누던 기억, 진정으로 나를 인정해주는 몇몇 사람에게 고마웠던 기억 등을 억지로라도 머릿속에 떠올려보자.

셋째, 완벽함과 결별하기로 한다.

무언가를 도전하는 데 완벽한 시기를 기다린다면 당장 그만두는 것이 좋다. 야심이 넘치는 것은 좋지만 완벽한 타이밍을 기다리는 일은 비효율적이고 비현실적이다. 만약 회사에서 '이 기획안은 좀 더 완벽해져야 한다'라고 생각하는 때가 온다면 그 순간 자신에게 이렇게 말하라. "완벽한 순간을 기다리는 것보다 실행에 옮기는 것이 훨씬 더 현명한 선택이다."

넷째, 타이머를 설정한다.

걱정과 불안에서 벗어나는 방법으로 자주 언급되는 방법이다. '걱정하는 시간'을 정해두는 것이다. 하루에 10분 동안 마음껏 걱정할 시간을 설정한다. 그 시간 동안 펜으로 종이 위에 무엇이 자신을 걱정하게 하는지, 왜 스트레스를 받고 걱정하는지 적는다. 적었다면? 이제 그 종이 따위는 찢어버린다. 찢은 종이와 함께 걱정도 찢겨 사라질 것이다.

언젠가 나도 이와 유사한 경험을 한 적이 있다. 명상을 배우는 시간이었다. 평온해지고 싶은데 자꾸 안 좋은 생각, 일종의 망상이 머리에 가득해서 혼란스러웠다. 그때 지도하던 선생님이 이렇게 조언했다.

"자, 지금부터 10분간 오직 김범준 씨를 괴롭히는 망상에만 집중해보세요."

결과는? 1분도 망상이 제대로 되지 않았던 것 같다. 나쁜 생각이 드는가. 괴로운 마음이 생겼는가. 그렇다면 그 나쁘고 괴로운 생각 하나에만 10분간 집중해보라. 절대 다른 생각을 하면 안 된다. 그리고 결과를 스스로 확인해보라.

다섯째, 결과를 담담하게 받아들이기로 한다.

생각의 과잉은 자신에게 만족하지 못했을 때 나타나기도 한다. 평소 "왜 더 똑똑하지 못할까?", "더 열심히 해야 했는데"라는 말을 입에 달고 다니는, 자신에 대한 기대치가 높은 사람일수록 괜한 걱정으로 스트레스를 받는다.

이제 나는 최선을 다했다고 생각한다면 결과가 어떻든 있는 그대로 받아들이려고 한다. 성공은 운이라는 말도 있는 것처럼 내가 통제할 수 없는 무언가로 성공이 판가름 나는 일도 있다. 할 수 있는 모든 것을 다 했다면 더 생각하거나 후회할 필요가 없다.

인생이 늪에서 빠져나오지 못하는 것 같다는 생각이 든다면, 그동안 나에게 다가온 기회를 무심코 무시한 결과였을지도 모른다. 그러니 이제 걱정과 불안은 잠시 접어두고 기회가 찾아올 때 망설이지 말고 곧바로 행동하라. 그것이 삶을 성공으로 이끄는 지름길이다. 이 과정에서 사람 그 자체도 변화할 수 있다. 불안에서 벗어나 새롭게 시도하는 횟수만큼이나 다양한 경험을 쌓고, 배움의 수준도 높아지며, 그 과정에서 열정적인 사람이 되어 스스로 일상을 통제하는 데도 능숙해질 테다.

난독증에 재무제표조차 잘 읽지 못하지만 '창조경영의 아이콘'으로 세계적 경영컨설팅그룹 액센츄어에서 '50대 경영 구루'로 선정된 기업가, 버진 그룹 회장 리처드 브랜슨Richard Branson은 이렇게 말했다. "경험을 통해 배우는 것은 짜릿하지만 그것을 이론을 통해 배우려는 순간 짜릿함은 사라진다."

경험으로 세상을 배우자. 이론으로 세상을 배우지 말고. 남이 준 배역에 따라 행동하는 것이 아니라 걱정과 불안을 소거한 나만의 비전으로 어제와는 다르게 행동하는 나를 바라보도록 하자. 누군가의 지시와 명령에 따라 '립싱크'하는 삶이 아닌 내가 누군지 스스로 깨닫는 삶을 만드는 우리가 되기를 바란다.

피한다고 피할 수 있으면 걱정이 아니지 06

걱정하는 것은 '인간적'이다. 하지만 그 걱정에 얽매인다면 '악마적'이다. 걱정은 아직 일어나지 않은 일에 대한 불안, 혹은 과거에 일어난 일에 대한 후회에서 나온 감정이다. 이 감정은 미래를 생각하기보다, 현재의 자신에 의식을 집중하기보다, 아무것도 못하게 한다.

때때로 나는 걱정이 올라오면 마음속으로 '스톱!'을 외친다. 웬만한 걱정은 이것만으로도 효과가 있었다. 반복적이고 스트레스가 높은 경우에도 스톱 한 마디와 잠시 내뱉는 심호흡으로 이겨낼 수 있었다.

걱정이 몰려올 때는 의식적으로 천천히 지금 하고 있는 것을 살펴보려고 한다. 움직임, 말, 먹는 것, 지하철을 타는 것까지 조금 시간을 두면서 느끼려고 한다. 의식을 현재에 초점을 맞추면서 어느덧 걱정보다는 현재를 받아들이는 자신을 맞이한다. 이는 명상의 한 기법으로 명상 전공의 교수님에게 받은 조언이다. 갑작스럽게 걱정에 힘들어하는 나를 발견했을 때는 어떻게 해야 하느냐는 질문에 교수님은 "걱정을 걱정하면 걱정이 더 커진다"라고 말하면서 잠시 자신으로 돌아올 것을 권했다. 그중의 하나가 천천히 내 움직임에 관심을 두는 일이었다.

예를 들면 이런 것이다. 갑작스럽게 나에게 불안이나 걱정이 왔다고 치자. 어떤 이유인지는 중요하지 않다. 그때 나는 자리에서 일어난다. 그리고 장소가 복도가 되었건, 집 앞이 되었건, 아니면 사무실 주변의 한적한 길이건 관계없이 잠시 걷는다. 단, 걸을 때 조건 하나를 둔다. 바로 왼발로 땅을 디딜 때는 마음속으로 '왼발'이라고 말하고, 오른발로 디딜 때는 '오른발'이라고 되새기는 것이다.

이것이 끝이냐고? 끝이다. 이것이 무슨 걱정과 불안을 없애느냐고? 지금 자리에서 일어나 5분만 해보라. 그리고 그 결과를 통해 자신을 바라보고 이 책을 계속 읽어나가기를 바란다.

걱정은 인간이 가진 본능이다. 엄마를 잠시 놓친 아이가 울음부터 터트리는 것은 자신의 생존 욕구를 충족하기 위한 걱정에서 나온 행동이다. 걱정이 없는 아이라면? 위험에 빠질 수도 있다. 그러니 걱정은 기본적으로 건전한 감정이다.

문제가 되는 것은 지나친 걱정이다. 걱정을 과도하게 하면 단순히 마음만이 아니라 몸에도 문제가 생긴다. 가슴이 답답하게 느껴지는 불편함, 몸 어느 한쪽의 통증, 소화불량 등이 그것이다. 실제로 정신의학에서는 이를 '범불안장애'라며 질병으로까지 취급한다. 이런 불안, 걱정 등으로 크게 신체적 어려움을 겪은 적이 있다. 머리가 무겁기 이전에 위경련부터 찾아왔다. 또한 끝없는 현기증이 일어났으며, 밑도 끝도 없이 자고만 싶었고, 실제로 자야 할 순간에는 잠자지 못했다. 마음이 몸을 어떻게 무너뜨리는가를 조금은 알게 된 순간이었다.

걱정 없는 인생을 바라지 말자
다만 걱정에 물들지 않는 연습을 하자

걱정과 불안이 다가올 때는 나처럼 걸음걸이에 집중하면서 정말 이것이 걱정스러운 일이었는지, 스스로 자신을 탐색해보는 것도 좋다. 이외에도 개인 경험에 비추어볼 때 두 가지 정도가 괜찮았는데, 이 두 가지는 습관화하면 더욱 좋다.

첫째, 뜻대로 굴러가지 않는 일상을 그대로 받아들일 줄 아는 습관이다.

불확실한 일상의 연속에서 끝없는 걱정에 얽매여 헤매는 것이 아니라 불확실한 삶 그 자체가 뜻대로 흘러가지 않을 수 있음을 인정하는 태도가 걱정을 대하는 현명한 대응임을 깨달았다.

예를 들어, 직장인으로 윗사람에게 어떤 보고를 했다고 해보자. 그런데 보고하고 난 후에야 실수한 부분을 알게 되었다. 이럴 때 어떻게 해야 할까. '이걸 어떻게 하지?'라고 걱정만 하면 걱정은 걱정의 꼬리를 물고 결국 시간은 흘러버린다.

시간이 흘러가고 있음에도 '아, 너무 늦었는데. 정말 큰일 나는 거 아니야?'라고 생각하면서 또다시 걱정만 한다. 결국에는 나뿐만 아니라 윗사람에게도, 조직 전체에도 피해를 주는 경우가 생긴다. 개인 관점에서의 걱정이 조직 전체에서 실질적 문제가 되는 경우다. 만약 처음 문제가 발생했을 때 '그래, 보고하다 보면 실수할 수도 있지!'라고 생각했다면 어땠을까. 가장 작은 실수가 늘 최고의 실수라는 말도 있듯이 빠른 시간에 바로잡는다면 실수는 실수가 아니게 된다. 작은 실수에 스스로 냉정해질 수 있어야 한다. 실수했다고 낙담하고 근심하는 것은 별 볼 일 없는 희생자의 반응일 뿐이다.

걱정한다고 시간을 소모하는 대신에 바로 윗사람을 찾아가 "죄송스럽지만 보고에 실수가 있었습니다"라고 했다면 괜히 마음을 졸일 이유도 없고 업무에서도 문제가 되지 않았을 것이다. 실수하는 것은 인간의 고유한 특성이다. 그렇기에 실수에 얽매이는 사람이 어리석을 뿐이다. '다시 한번 해보자'고 나서는 것이 승자의 말이며 실수 한 번 해놓고서는 '해봐야 별수 없다'고 말하는 것은 패자의 말이다. 그저 있는 그대로 깔끔하게 받아들이되 새로운 기회를 다시 찾으려고 노력하는 사람이 다시 시작할 수 있다.

둘째, 걱정에 물어보는 습관이다.

걱정은 일종의 반기지 않는 손님이다. 손님은 말 그대로 잠깐 왔다 가는 사람이다. 반기지 않는 손님이 왔다면 조심스럽게 "언제 떠날 것인지?" 물어보면 된다. 반기지 않는 손님이 자신의 집 방구석에 누워 있음에도 단순히 '언제 갈 거지?' 고민한다고 해서 문제가 해결되지는 않는다.

걱정에 물어봐야 한다. 언제, 어떻게 갈지가 걱정이라면 말이다. 반기지 않는 손님이 온 것을 알아차린 다음에는 '언제 갈 것인지'를 직접 물어보는 게 맞다. 걱정으로 다음 단계를 시작하지 못하는 자신을 발견했다면 그 걱정을 바라보고 물어보면 된다.

걱정이 떠나기를 기다리는 대신
걱정이 언제 떠날지를 물어본다

걱정은 불안감을 가져온다. 불안감에 시달리면 끊임없이 무언가를 생각하게 된다. 일할 의욕을 잃으며, 머리는 고뇌로 가득 찬다. 이때 생각하는 것은 모두 부정적인 관념이다. 너무 생각이 많으니 무언가 시작하기가 불가능하다. 그저 자기를 비판하는 악순환에 빠진다. 이럴 때 자신의 걱정을 냉정하게 물어보자는 말이다.

"(자기 이름을 부르며) XXX, 도대체 내가 걱정하는 것이 정말 걱정할 만한 일이야?"

불안감으로 가득 차 있거나 두려움에 압도되었을 때 자신에게 던져볼 만한 질문이다. 걱정이 너무 많은 것은 스스로 자신을 의심하고 있음을 의미하며, 이러한 부정적인 생각은 의심과 나태함으로 가득 찬 삶을 조장한다. 자신을 향한 의심, 그 의심 때문에 게으름에 머무르기보다는 직접적으로 자기 자신에게 걱정의 실체를 물어보도록 하자.

가능하면 자기 자신에게 걱정을 물어볼 때 머릿속으로 생각하는 데 그치지 말고 혼잣말이라도 좋으니 입 밖으로 질문을 던져보면 더욱 좋다. 신기하게도 단지 생각으로 머물러 있는 걱정과 입으로 내뱉는 걱정은 전혀 다른 효과를 준다. 일종의 '선언 효과'라고 할 수 있다. 생각에만 머무르는 걱정은 쉽게 해소되지 않는다. 그것에 대해 어떤 해결책을 찾으려고 해도 실제 머릿속만 혼란할 뿐 정작 나아지는 것은 전혀 없다. 그런데 입으로 표현하는 순간, 오직 자신에게만 들리는 작은 목소리일지라도 걱정은 '생각 속에 잠긴 뭔지 모를 걱정'이 아닌 '해결책을 적극적으로 생각해내려는 객관화된 걱정'으로 탈바꿈한다.

"선과 악은 존재하지 않지만 인간의 생각은 그것이 존재하게 만든다." 윌리엄 셰익스피어의 명언이다. 선은, 그리고 악은 오로지 인간의 생각 그 자체로 존재한다. 걱정도 마찬가지다. 생각에 머무는 한 걱정이 새로운 시작의 원동력으로 작용하기는 어렵다. 계속 걱정으로만, 아니 더 큰 걱정으로 악순환의 고리에 연결될 뿐이다. 걱정을 표현하면 걱정이 더는 걱정되지 않는 기적을 맛볼 것이다. 걱정을 객관적으로 볼 수 있으면서 그 객관적 걱정에 대한 해결책을 찾는 데도 두려움이 사라질 테다. 그러니 자기 자신에게, 어색하더라도 다시 한번 물어보자.

"(자기 이름을 부르며) XXX, 도대체 내가 걱정하는 것이 정말 걱정할 만한 일이야?"

07 쓸모없는 자부심과 이별할 것

국내 제약회사에 임원으로 재직 중인 사람이 해준 이야기다. 어느 날 회식 자리에서 술고래로 소문난 영업 사원 최 과장이 눈에 들어왔다. 평소와 달리 소주잔을 입에 대는 둥 마는 둥 한다. 몸이 어디 아픈가. 표정이 밝은 걸 보니 그렇지도 않은 것 같은데. 그럼 뭐지? 왜 술을 안 마시는 거지? 궁금해서 물어보았다.

"최 과장, 오늘 무슨 일 있어? 웬일이야? 술잔을 입에 대지도 않네?"

미소를 짓던 최 과장이 이렇게 대답한다.

"이사님, 내일 제 기록을 깨줄 고객을 만나러 갑니다. 그래서 오늘은 자제해야 합니다."

기록을 깨다니? 그게 무슨 소리냐고 되묻자 이렇게 설명한다.

"내일 한 병원의 의사 선생님을 찾아뵙기로 했습니다. 제가 영업 7년째입니다. 한 고객에게 12번까지 문전 박대를 당해봤습니다만, 내일 만날 의사 선생님은 13번째 찾아뵙는 겁니다. 드디어 거절 횟수 신기록을 세웁니다. 신기록을 세워줄 고객을 만나는데 오늘 제가 술을 함부로 마실 수 있겠습니까."

나 역시 영업 사원을 오래 해왔지만 이 이야기를 듣고 '찐' 기분이 들었다. 문전 박대한 고객을 어떻게 생각했던가. 대부분 그냥 포기하고 말았던 것 같다. '거절당하는 순간 영업은 시작된다'는 말이 있다. 그만큼 거절은 영업 현장에서 늘 있는 일이며 또 극복해야 할 과제다. 그럼에도 거절의 순간마다 이렇게 말하곤 했다.

"정말 지긋지긋합니다. 또 거절당하면…. 어휴, 생각만 해도 짜증 납니다."

"지겨워. 영업 사원도 이제 그만둬야 할 때가 된 것 같아."

실패가 수없이 닥쳐와 자신을 부정하는 마음이 생겼을 때 그것을 이겨내는 힘이 우리에게는 요청된다. 그 힘을 자부심自負心이라고 한다. 자기를 부정하는 마음인 자부심自否心이 아닌 자기 자신 또는 자기와 관련된 것에 대해 스스로 그 가치나 능력을 믿고 당당히 여기는 마음인 자부심自負心이 필요하다. 자부심自尊心에 치우친 마음을 가진 사람은 불행하다. 신경정신과에서 우울증 테스트를 진행할 때도 "모든 것이 내 탓이다"라는 항목에 체크하는 사람은 우울증일 확률이 크다고 말한다. '내 탓이요' 하는 태도, 어떻게 생각하면 겸손하다. 하지만 무작정 '내 탓'이라는 것은 위기의 순간에 자신을 가라앉게 한다.

자신의 능력을 믿고 당당히 여기는 마음과 자신을 존중하는 마음이 쓸데없는 걱정을 없애준다. 자부심自負心이 자긍심自矜心, 즉 '자신에게 긍지를 가지는 마음'으로 이어질 때 걱정과 불안, 그리고 다가올 작은 실패에도 당당할 수 있다. 그래야 시작할 수 있다. 하지만 우리는 대체로 자부심自負心 대신 자부심自尊心에 자신을 얽맨다. 이런저런 일로 인한 걱정에서 헤어나지 못한다. 일상의 실패로부터 마음에 상처를 입고 자신을 괴롭힌다. 실패는 불안이 된다. 그 불안은 새롭게 시작하려는 마음에 걸림돌로 작용한다. 그러니 뭐 하나 시작할 마음의 여유조차 없다.

실패가 있었다면 실패 그 자체에서 그만두면 된다. 실패를 일상의 걱정거리로 내버려 두면 나를 가두는 감옥을 만드는 빌미를 제공하는 것이다. 그 감옥에서 벗어나야 비로소 자신이 생각하는 방식에 변화를 만들어낼 수 있는데 말이다. 물론 부정적인 마음에서 더 잘하려는 의지를 키우는 사람도 있기는 하다. 하지만 대체로 부정적인 생각은 의사 결정을 소극적이며 수동적인 방향으로 이끈다.

실패를 일상의 걱정거리로 내버려 두는 일은
나를 가두는 감옥을 만드는 것과 같다

의문이 든다. 부정적인 생각을 하면 안 되는 것을 알면서도, 왜 우리는 부정적인 생각에 그렇게 집착하는 것일까. 어떻게 이 부정적인 생각을 없앨 수 있을까. 몇 가지 연습할 만한 방법을 제안하고자 한다. 부정적인 생각을 한번에 없앨 수 있다고 장담하지는 못하지만 최소한 늘 부정적인 마음으로 스스로 고통받는 자신에게 주는 작은 선물 정도는 될 것이리라.

첫째, 부정적인 생각을 지켜보는 연습을 한다.

솔직히 부정적인 생각과의 싸움에서 백 퍼센트 승리할 수는 없다. 그것은 부정적인 생각이 자신도 모르게 두뇌 속 한 곳에 이미 자리하기 때문이다. 그럼에도 우리는 이러한 일이 언제 일어날지 깨닫는 노력을 게을리하지 말아야 한다. 부정적인 생각에 머물러 있음을 아는 것만으로도, 즉 부정적인 생각을 인식하는 그 자체만으로도 생각을 없애는 문턱을 넘어섰다고 봐도 된다.

둘째, 부정적인 생각을 적어보는 연습을 한다.

이것은 정말 효과가 있기에 추천하고 싶다. 물론 살짝 귀찮은 면이 있기는 하다. 아주 약간의 노력이 필요하기 때문이다. 방법은 이렇다. 부정적인 생각이 들 때마다 스마트폰의 메모에 적는 것이다.

8월 5일(월): 고객 클레임 접수, 무엇 때문에 연락이 온 걸까?
또 문제가 발생한 걸까? [불안]
8월 6일(화): 위염, 건강검진 받은 지 얼마 되지 않았는데. [걱정]
8월 7일(수): 보고서 작성 지연, 담당자에게 회신이 오지 않음.
[짜증]

적어놓기 전만 해도 분명히 불안, 걱정, 짜증이었는데 잠시 호흡을 가다듬고 메모하다 보면 괜히 웃음이 퍼진다. '뭐, 이런 거 갖고 불안해하고 걱정하고 짜증 내고 있었을까?'

그렇다. '잘못돼 봐야 사람이 죽는 일도 아닌데 뭘 이리도 고민했지?'라는 생각이 들면서 마음이 편해진다. 두려움은, 강박의 한 형태이다. 이때 그것을 외부로 표현해버리는 방법은 여러 가지다. 물론 누군가에게 말하는 것도 괜찮다. 하지만 누군가를 믿는 것이 아리송할 때는 메모로도 해결할 수가 있다.

걱정, 불안, 짜증이 생겼다면
어딘가에 적어본다

셋째, 부정적인 생각을 일으키는 요소를 피하는 연습을 한다.

부정적인 생각을 불러일으키는 일, 시간, 장소 등 할 수 있는 한 최대한 피한다. 노래, 그림, 업무 서류, 어떤 사람에 관한 여러 일… 부정적인 생각으로 연결되는 것이 무엇인지 파악한다면, 이후에는 이런 요소와 거리를 둔다. 가능하면, 유쾌한 감정을 일으킬 수 있는 것으로 대체한다. 주변을 꼬아놓고는 자신의 마음을 엉망으로 만들지 않는다.

나 같은 경우에는 주식 애플리케이션을 스마트폰에서 지워버렸다. 그리 많은 돈이 들어간 것도 아니지만 – 고작 몇백만 원이다 – 언젠가부터 시시각각으로 애플리케이션을 열었다 닫았다 하는 자신을 발견했다.

가진 종목이 오르면 기뻤지만 떨어지는 순간에는 그 몇 배로 짜증이 났다. 귀한 시간을 쏟아야 하는 에너지를 생각하면 그리고 그 에너지만큼이나 소모되는 정신 건강을 생각하면 주식과는 이별하는 것이 옳았다. 그래서 지웠다. 그리고 마음이 편해졌다.

부정적인 생각은 우리가 무언가 다른 행동을 하지 않는 한, 짧고 일시적인 생각에 지나지 않는다. 그런데 부정적인 생각을 내버려 두면 우리에게 큰 상처를 입힐 수도 있다. 주식? 물론 급상승하는 화면을 보면 짜릿하다. 하지만 그것조차 평온한 일상을 위해서는 위험이다.

생각이란 하면 할수록, 그 힘도 커진다. 부정적인 생각도 마찬가지다. 걱정과 불안에 집중하면 집중할수록 커져만 간다. 일단 생각을 시작하면, 이를 멈추기는 결코 쉽지 않다. 더 이상은 생각이아니라, 습관이 되어버린다. 주변 환경을 불안이 싹트는 무언가로굳이 놔둘 이유가 없는 것이다.

불안과 걱정을 처리하는 자신만의 방법을 가지면 어떨까. 사실생각이 어디에서 왔는지는 중요하지 않다. 중요한 것은 내가 그생각을 그만두고, 그 생각이 꼬리에 꼬리를 물면서 걱정으로 발전하기 전에 새롭게 시작할 수 있는 긍정적인 방향을 찾아내는 일이다. 걱정을 슬기롭게 이겨내고, 고민을 멈추며, 쓸데없는 생각과이별하는 것은 당장 할 수 있는 몇 가지 소소한 연습만으로도 가능하다.

발바닥에 땀이 나면 걱정이 사라진다   08

365일 중 대부분 시간을 한강 둔치에서 보내는 사람이 있다. 노숙자? 실업자? 아니다. 그는 배우, 감독, 제작자이자 화가인 하정우다. 그에게 걷기란 일상생활의 가장 중요한 일부다. 걷기의 즐거움을 예찬하면서 걷기 관련 책까지 출간했다.

> "오랜 시간 걷고 나면 바깥의 공기와 미세한 감각들이 전부 느껴진다.
> 입맛이 샘솟고 평소 맡아 보지 못했던 냄새를 느낄 정도로 후각이 살아
> 난다. 내 몸 안의 기본적인 감각들이 살아 움직인다."
> – "하정우 '걷기 전도사? 가르침보다 가이드 하고 싶어'", 모신정, 스포츠한국, 2018년 11월 28일

걱정은 생각이다. 생각은 생각을 만들어낼 뿐이다. 생각을 생각으로 이기려는 무모한 노력 대신 몸으로, 감각으로 극복하려는 '하정우 스타일의 지혜'는 현명하다. 몸을 움직임으로써 잡다한 생각이나 걱정이 사라지고 집중력과 판단력이 상승하는 것을 많은 사람이 체험한다. 하정우 역시 마찬가지였다.

그는 걸음으로 '생각이 많아지고 아이디어가 떠올랐다'고 말하지 않았다. 걷는 과정에서 미각, 후각, 청각 등 몸의 감각이 살아나는 것을 느꼈다고 했다. 자신의 감각을 진정으로 경험하는 희열을 느낄 수 있었단다. 그것이 결국 새롭게 도전하는 수많은 배역을 다지지 않았을까 싶다.

걱정이 쌓여 있다면
할 일을 잠시 미루고 걷는다

배우 하정우만 이런 생각을 하고 있었을까. 세상의 리더들은 운동을 절대 일상에서 빼놓지 않았다. 직장 생활을 돌이켜보면, 회사에서 높은 직급에 있는 사람일수록 운동을 열심히 했던 기억이 난다. 조직의 평범한 구성원들은 출근 시간이 임박해서야 헐레벌떡 회사로 달려오는데, 조직에서 중요한 위치에 있는 리더들은 아침 일찍 출근해 회사 체력 단련실에서 뛰며 하루를 시작했다. 운동으로 온전히 몸에 집중하여 고민과 걱정을 멈추고 새로운 시작을 받아들일 줄 안 것이다.

"걱정이 있는데 무슨 걷기를…", "당장 해야 할 일이 있는데 어딜 뛴다고…"라는 사람이 당신이 아니기를 바란다. 우리는 걸어야 한다. 걱정이 산더미고, 할 일이 복잡하게 얽혀 있을수록 걷고 또 뛰어야 한다.

나는 이제 갑작스럽게 일이 쏟아져 들어올수록, 급작스러운 요청을 받을 때일수록 호흡을 고르고 걸을 줄 안다. 대단한 곳을 찾아 걷는 것이 아니다.

직장이라면 사무실 계단 몇 개 층을 걸어 내려갔다 올라왔다. 점심시간일 때는 회사 주변을 몇 바퀴 돌았다. 잠시 걷고 나면 다시 업무에 복귀했을 때 효율성과 정확성이 확실히 올라갔다. 걱정? 고민? 쓸데없는 생각? 해결된 것은 아니지만 최소한 더 여유롭고 객관적으로 바라볼 수 있었다.

해야 할 일을 미루라는 말이 아니다. 직장인인 당신이 갑자기 하던 일을 때려치우고 사무실 밖을 나가서 한강 변을 두세 시간 걸으라는 말로 이해하면, 그것은 착각이다. 직장인이라면 회사 주변에서, 공부 중인 학생이라면 학교 주변에서, 5분 혹은 10분의 걷기만으로도 걱정에서 벗어나기가 충분하다.

걷기는 긴장 해소에도 좋다. "긴장을 풀고 걱정은 그만하라"라는 말을 자주 듣는다. 하지만 이 말은 모호하다. 걱정을 그만하기 위해서 긴장을 풀라는 것은 알겠다. 하지만 어떻게 긴장을 푼단 말인가. 그렇다면 긴장을 풀기 위한 방법론이 필요하다. 방법은 사람 숫자만큼이나 다양하겠지만 누구에게나 일반적으로 적용할 수 있는 방법이 바로 걷기다. 즉, 몸을 움직이는 일이다.

불안과 걱정을 이기는 방법으로 웬만한 심리 치료나 약물 치료보다 운동이 괜찮다는 것을 경험한 적이 있다. 힘들고 어려운 상황에 빠져 몸과 마음이 모두 무너져 내릴 것만 같을 때 운동의 도움을 받았다. '빡시게' 한두 시간 필라테스를 하는 바로 그 순간만큼은 걱정과 고민에서 완전히 벗어났다. 24시간을 따라다니던 짜증이 그때만큼은 마법처럼 사라졌었다.

삶에는 늘 위험이 있다. 그러니 걱정과 고민과 영원히 이별하면서 살겠다는 것은 무모한 생각이다. 그렇다고 해서 걱정과 고민에만 집중하면 통제할 수 없는 것을 통제하려는 허무맹랑한 삶의 태도만 가질 뿐이다. 그것이 불가능하다는 것을 인지하면서 괜한 자책감만 든다. 이때 걱정을 걱정하기보다는, 위험을 두려워하기보다는 소중한 몸에 집중하기가 걱정과 위험에 대한 두려움에서 벗어나는 방법이다.

'에이, 그깟 걷기가 무슨 대단한 방법이라고…' 의심이 들겠지만 극심한 불안증에 시달리다가 운동으로 극복해본 사람은 안다. 무거워진 어깨를 가볍게 하기 위해서라도, 새로운 시작을 할 수 있도록 스스로 독려하기 위해서라도 지금의 공간을 벗어나 걷기가 가능한 공간으로 이동하는 것이 얼마나 현명한 행동인지 말이다.

우리가 무언가를 시작하려고 함은 어쩌면 어둠 속에서의 작은 도약일지도 모른다. 어둡기 때문에 불안하다. 걱정과 고민이 가득하다. 이럴 때는 흘러가는 시간에 잠시 틈을 줘서 몸을 움직여보자. 가능하면 탄력이 좋은 밑창이 붙은 운동화를 신고, 불안한 그 공간을 벗어나라. 단지 그것만으로도 걱정과 잠시 이별할 수 있다. 그 잠시의 이별로 걱정이 진짜 걱정할 만한 것이 아님을 깨달을 수도 있다. 그리고 다시 시작할 수 있다.

걱정과 잠시 이별하는 방법은 흘러가는 대로 몸을 맡기고 걷는 것이다

걷기를 습관화하면 그 유익함은 고스란히 우리에게 돌아온다. 걱정과 고민은 아무런 결과도 낳지 못한다. 걱정은 그저 모든 것을 방해하고, 건강한 삶을 해치는 습관일 뿐이다. 걱정이 무거울수록 발바닥에 땀이 나도록 걷는 것을 습관화해보자. 손과 발 등에 과도한 땀 분비가 일어나는 다한증은 질병이지만 걱정을 떨치기 위해 스스로 걷느라 발바닥에 땀이 나는 것은 몸과 마음의 건강을 위해 좋다.

무언가를 시작하기 위해서라도, 그 시작을 가로막는 막연한 걱정과 두려움을 떨쳐버리기 위해서라도, 걷기를 하나의 일상 속

'의식'처럼 습관화해두자. 영화배우 하정우가, 그리고 수많은 사람이 그토록 걷기를 예찬하는 데는 이유가 있다.

이게 아니야?
아니면 말고

09

유튜브에서 인문 고전에 관한 강연을 즐겨본다. 한 분야에 정통한 교수님이나 시인, 문학가의 특강 등을 출퇴근 시간에 듣고 있노라면, 그 시간이 알찬 느낌이다. 또한 이런저런 종교인의 강연도 자주 찾아 듣는데, 우연히 법륜스님의 채널을 보게 되었다. '시니컬' 하면서도 인자하게 청중과 일문일답을 진행하는 방식이 재미있고 또 유익했다. 언젠가 청중과 나눈 이야기가 기억에 남는다. 한 남자가 일어나 질문했다.

"저는 일어나지도 않은 일에 대한 걱정이 심합니다. 걱정이 불안이 되어 잠을 못 이룰 정도입니다. 어떻게 해야 할까요?"

법륜스님은 대략 이렇게 답했다.

"교통사고를 당한 사람은, 연애하다 실패한 사람은, 누군가에게 배신당한 사람은 그런 근심, 걱정이 있을 수밖에 없습니다. 누구나 다 그러합니다. 하지만 너무 심한 경우, 즉 정신적인 상처가 깊게 파인 경우는 '트라우마' 상태라고 볼 수 있습니다. 자신에게 일어난 나쁜 경험에 집중하여 나타나는 현상이죠. 티브이를 골똘히 보다 누군가 죽는 장면을 보고 눈물이 난다면 그것은 머리가 착각하는 경우입니다. 자신과 아무런 관계가 없는 일임에도 머리가 착각하는 거죠."

나에게 생긴 그저 그런 일을 '상처'로 바라보는 대신 나에게 주어진 긍정적인 '경험'으로 받아들인다

그래서 어떻게 해야 한다는 말인가. 그 수많은 걱정과 불안을 이겨내는 방법은 무엇이란 것일까. 궁금증이 드는 순간 법륜스님은 이렇게 말했다. 자기에게 일어난 일을 '상처화'한 채 내버려 두지 말라고. 그러면 그것들은 인생의 빚으로 남는다는 것이다. 반대로 자신에게 일어난 일을 '경험화'한다면, 인생의 자산으로 남는다는 것이다. 무언가 문제가 생겼을 때 그것을 상처화 관점이 아닌 경험화 관점으로 바라보는 순간 모든 일상은 배움터가 된다는 논리였다.

예를 들어 한 남자가 있는데, 사귀는 여자마다 헤어진다. 그것도 차는 것이 아니라 차인다. 이런 경험이 자꾸 쌓이면 아마 대부분 사람은 '내가 얼마나 바보 같으면 여자들이 나를 차고 가버리는 걸까?'라며 경험을 상처화하여 자신을 바라볼 테다. 이는 결국 새롭게 누군가를 만나려는 자신을 걱정과 불안에 휩싸이게 하여 관계에 미숙하게 한다.

하지만 법륜스님이 말한 경험화에 능숙해진다면 어떻게 반응할수 있을까? 아마 '남들은 평생 한 여자랑 만나는 거로 끝나는데 나는 수많은 여자를 만나고 있네? 좋아!'라면서 아픈 과거를 긍정적인 경험으로 바꿔서 생각할 것이다.

쉽지 않지만 시간을 두고서라도 배워볼 만한 삶의 태도다. 괜한 걱정에 사로잡혀 아무것도 하지 못하는 것이 오히려 자기 자신을 비하하거나 괴롭히는 것보다 훨씬 낫다는 생각이 든다. 일종의 발상 전환이다. '상처받아 자신의 가슴만 움켜쥐고 사는 인생'보다는 '경험으로 생각하고 좋은 방향으로 자신을 설계하는 인생'을 원하는 우리라면 충분히 해볼 만한 생각이다.

마음을 잡는 방법은 어쩌면 이렇게 자신의 이성을 살짝 변화시키는 것만으로도 가능할지 모르겠다. 어디 이뿐만일까. 아픈 과거를 상처화가 아닌 경험화의 관점에서 받아들이는 방법은 여러 가지가 있다. 몇 가지만 더 살펴보도록 하자.

첫째, 나와 타인의 생각은 다르다는 것을 인식한다.

생각은 누군가와의 관계에서 일어난다. 그런데 때때로 생각은 순전히 자기 자신을 기만한다. 예를 들어 다른 사람의 생각을 마치 내가 반드시 받아들여야만 하는 생각으로 받아들이는 것이다. 천만의 말씀이다. 타인의 생각과 나의 생각은 다르다. 더 나아가 타인의 생각이 나를 기만하지 못하도록 마인드 세팅이 필요하다. 생각에 내가 함부로 흔들리지 않게 하는 것이 맞다.

둘째, 판단보다는 관찰에 집중한다.

관찰하지 않으면 걱정과 고민은 사라지지 않는다. 관찰은 객관적인 것이다. 자신의 선입견을 잠시 내려두고 사물이나 사람의 있는 그대로의 모습을 살피는 일이다. 이를 잘 활용하면 자신의 관점을 변화시키는 데도 큰 도움을 받을 수 있다. 이를테면 자신이 불행하다고 느끼는 사람은 행복해 보이는 사람들의 행동에 대한 관찰 일기를 쓰는 것도 괜찮다.

바라보는 것은 객관적인 일이다. 입가에 미소를 머금고 나와 다른 무언가를 관찰할 줄 안다면, 섣불리 판단의 잣대를 들이대지 않는다면 쓸데없는 걱정과 고민을 하는 일이 줄어들 테다. 물론 나와 다른 무언가를 무작정 받아들이라는 말이 아니다. 여기에서의 핵심은 나와 다른 것에 대해 괜한 편견으로 걱정과 고민에서 헤매지 않는 것이다. 익숙해지면 세상에 대해 더욱 긍정적인 태도를 가질 테다.

셋째, 나쁜 생각에는 '나쁜 생각'이라는 딱지를 붙여놓는다.

나쁜 생각이 도대체 떨어지려고 하지 않는다면 가끔은 인정해라. 나쁜 생각도 만만한 존재는 아니라서 무작정 배척해봐야 기를 쓰고 더 달려들지도 모른다. 그러니 나쁜 생각 그 자체를 있는 그대로 놔두되, 주눅 들기보다는 여유를 갖고 나쁜 생각에 조롱하는 이름을 붙여주어라. 이를 위해서는 힘들수록 똑바로 바라보는 태도가 중요하다.

걱정과 고민이 신기한 것이 외면하려 할수록 오히려 더 달려든다. 이때는 달려드는 걱정과 고민을 똑바로 바라보는 것도 괜찮다. 그리고는 걱정과 불안에 이름을 붙여주고 내가 그것들과 마주하고 있음을 인지한다면 세상을 더 객관적으로 바라볼 수 있는 계기가 된다.

힘들 때는
나를 사랑하는 사람에게 돌아간다

상처화 대신 경험화를 선택하는 사람은 스스로 '플랜 B'를 만들 줄 안다. 어려움 속에서도 다시 시작할 백업시스템을 갖추고 "아니면 말고!"라면서 새로운 선택을 즐길 줄 안다. 다시 말해, 나쁜 생각이 주위를 맴돈다면 그 생각에 휩쓸리는 대신에 더 좋은 무언가를 선택하여 다시 시작할 준비가 된 사람인 것이다.

이들은 안다. 세상의 잡다한 것에 휘둘릴 시간에 자신을 사랑하는 사람과 함께 어려움을 이겨나가는 것이 세상을 살아가는 현명한 지혜라는 것을 말이다. 이들은 실패할지도 모른다는 걱정과 고민 때문에 올바른 목표에 대한 자기 지지를 철회하지 않는 그런 사람이다. 어려움을 상처화하는 대신 경험화함으로써 다시 시작할 원동력을 얻는 사람이다.

때로는 세상에 욕도 할 줄 알아야 10

걱정은 심장을 먹는다고 한다. 아무리 사소한 것이라도 인생에 그늘을 드리운다. 그럼에도 우리는 걱정하기를 즐겨한다. 걱정에 머무르는 시간을 즐기다 보니 무언가를 시작할 마음의 여유 따위는 없다. 행동하지 않는 자신의 틀 안에서 뱅뱅 돌고 또 그 안에서 넘어질 뿐이다. 지리멸렬하게 살아가는 자신을 바라보며 답답하다고 한탄만 한다.

나 역시 걱정이 많은 종류의 인간이었다. 걱정을 걱정하느라 걱정이 커졌다고 해야 할까. 억울하면 말해야 하는데, 답답하면 행동해야 하는데 혼자 끙끙 앓는 것을 대단한 자존감으로 착각했다.

그래놓고는 스스로 센 사람이라고 자부했다. 하지만 나도 모르는 사이에 그런 걱정들은 아무것도 시작할 수 없게 했다. 나는 움직여야 했다. 한 발짝 나가서 나를 설명할 필요가 있었다. 그럼에도 숨죽이고 어둠 속으로 숨으려고만 했다. 무기력과 불면의 밤이 계속되었다.

이제는 그렇게 하지 않는다. 나를 표현하고 또 보여줄 곳을 찾아냈다. 그래서일까. 예전보다 자유로워졌다. 이것을 용기라고 할 수 있을지 모르겠지만 좀 더 용감해졌다. 무작정의 걱정에서 벗어나면서 새로운 시작을 하는 데도 여유로워졌다.

행동이 늘 행복을 가져다주지는 않지만 행동하지 않으면 절대 행복은 오지 않는다

'동상'의 아름다움은 '표정'에서 나온다고 말한다. 그렇다면 '사람'의 아름다움은 어디서 나올까? 바로 표정이 아니라 '행동'에서 나온다. 걱정은 표정일 뿐이다. 마음속의 표정인 것이다. 그것은 동상과 같다. 동상이 되고 싶은가? 아니 동상 취급을 받고 싶은가? 나는 그렇게 되기 싫다. 나는 사람이 되고자 한다. 사람으로 취급받고 싶고 대우받고 싶다.

그래서 나 자신이 먼저 움직이려고 한다. 물론 행동한다고 해서 그것이 모두 마음의 안정이나 성취의 결과물 혹은 행복을 담보한다고 백 퍼센트 확신하지는 못하겠다. 하지만 하나 확실한 것은 있다.

"행동하지 않으면 행복도 없다."

베네딕트 컴버배치Benedict Cumberbatch라는 영국배우가 있다. 그가 청춘을 위해 했던 이야기를 들어보도록 하자. 이런저런 걱정과 고민 속에서 마음 졸이며 사는 우리를 향한 말이라고 생각하면서.

"가끔 세상을 향해 'Fuck you'라고 외쳐야 합니다!"

그의 말은 계속된다.

"멋있어 보이려는 생각, 버리세요. 당신만의 것을 만들고, 당신만의 세상을 만들어야 합니다. 두려움과 불안 그리고 삶의 목적과 방법을 결정하는 것에 대한 걱정을 그만두세요. 당신은 멍청해지는 연습을 해야 합니다. 생각 없이 텅 빈 채로 말이죠. 그러면 할 수 있을 것입니다. 당신은 세상을 책임지지 않죠. 그러나 당신 일은 당신 책임이니 그냥 하세요."

그 말처럼 '생각 없이 텅 빈 채로' 세상을 향해 발칙한 모습을 보여줄 용기를 나는 갖지 못했다. 나로 존재할 수 있는 권리가 있음에도 그 권리를 스스로 뭉개고 앉아 있기만 했다. 그리고는 답답해하며 괴로워했고 그러다 괜한 누군가만 원망했다. 어처구니없는 복수의 칼날을 갈기까지 했다. 그냥 "Fuck you!"라고 한 마디 해야 했는데.

DO 이전에
STOP이 있었다

이 연설은 미국의 한 조각가가 동료에게 보낸 편지 중의 일부를 인용한 것이라고 한다. 하지만 내용은 격정적인 그의 연설을 디딤돌 삼아 나에게 큰 감동으로 다가왔다. 나는 연설에서 중요한 키워드 하나를 받아들이기로 했다. 'STOP'이라는 단어다. 이제 '하는 것'을 그만두려고 한다. 대신 '그만하는 것'을 하고자 한다. 그만해야 할 목록을 머리에 늘 지니고 있다가 그 목록 중 무언가가 머릿속을 스쳤을 때 스톱을 외치기로 했다. 생각이 복잡할 때, 걱정이 몰려들 때, 망설임이 계속될 때, 의심이 시작될 때, 두려움이 느껴질 때, 상처를 받을 때… 이때 나는 스톱을 외치기를 선택한 것이다.

그래야 시작할 수 있기 때문이다. 꿈에 그리던 것을 행동으로 옮기기 위해서라도 쓸데없는 불안, 걱정 그리고 고민에 정지신호를 보내기로 했다. 여전히 'STOP'이 잘 안 될 때도 있다. 'DO'를 외칠 엄두가 안 나는 순간 역시 시시때때로 찾아온다. 하지만 이제 강하게 한 마디 할 수 있다. 나를 향해, 세상을 향해.

"Fuck you!"

02

아주 작은
실천의 힘

01

무슨 생각을 해, 그냥 하는 거지

피겨 여왕 김연아가 한 말이 기억난다. 한 기자가 물었다. "경기 전 스트레칭하면서 무슨 생각을 합니까?" 김연아의 대답은 '쏘쿨' 했다. "무슨 생각을 해요? 그냥 하는 거지." 시작하는 힘은 그 말처럼 '그냥 하는 것', 오직 그것뿐이다.

가끔 "너 그렇게 생각 없이 살아서 되겠니?"라고 듣는다. 솔직히 모욕적이고 기분 나쁜 말이다. 하지만 이제 그 말에 당당하게 답할 수 있다. 김연아가 한 말처럼.

"무슨 생각을 해요? 그냥 사는 거지."

시작은 그냥 하는 것이다. 인생의 전환이 되는 순간을 만났을 때, 나를 믿고 자신의 힘으로 나아가는 것은 그냥 할 수 있을 때 가능하다. 세상에서 이미 시작된 것은 아무것도 없다. 시작은 내가 출발시킬 때 가능해진다. 시작하는 힘, 실천력의 키워드는 '그냥'이다.

첫걸음을 떼는 것처럼 누구에게나 시작은 늘 막막하다. 하지만 시작해보면 사실 별것이 아니라고 느낀 경우가 한두 번이 아니다. 그래서였을까. 세계 최고의 스포츠 브랜드 나이키도 '그냥' 하라고 하지 않는가.

나이키는 "Just Do It" 슬로건 하나로 스포츠 신발 시장 점유율을 1988년 18퍼센트에서, 1998년 43퍼센트로 높였다고 했다. 왜 이 슬로건이 사람들에게 매력을 끈 것일까? 생각보다 그냥 하기가 쉽지 않기 때문 아닐까? 우리는 그냥 하는 것을 두려워한다. 대신 시작도 하기 전에 여러 이유를 들며 하지 않음을 택한다.

인생은 단순하다. 생각이 복잡할 뿐이다. 대단한 허상을 버리고 자신의 능력을 믿어야 한다. 이때 필요한 단어가 '그냥'이다. 그냥 주어진 대로 하면 된다. 우리는 이미 어떤 것이든 해낼 힘을 가지고 있다. 오직 자기 일에만 책임을 지겠다고 마음먹으면 된다.

그냥이라는 데 부끄러움은 없다. 그냥이라는 것에 세상의 시선 따위는 불필요하다. 감기가 들면 종합감기약을 먹고, 이가 아프면

치과를 가며, 마음이 끝없이 처질 때는 정신의학과를 가면 된다. '내가 이 정도도 못 참아서야'라고 하다가는 감기가 폐렴이 되고, 충치가 잇몸병이 되며, 불안이 우울증으로 이어진다. 그러니 내가 지금 해야 할 일을 하면 된다. 나를 보호하는 일에, 성장시키는 일에 부끄러움이란 있을 수 없다.

나를 성장시키고 싶다면
일단, 불현듯, '그냥' 한다

불평하고, 의심하고, 걱정하고, 남 탓하고 우리는 자신을 갉아먹는다. 해야 할 일은 세상의 모든 부정적인 것과 이별하고 그냥 하는 일이다. 이렇게 말해도 누군가는 '아니야. 아직 때가 아니야'라며 세상과 통할 수 있는 절호의 기회를 스스로 막아선다. 그래놓고 나중에 말한다. "그때 나를 격려하고 응원하는 사람이 있었더라면." 한탄은 이어진다. "잘되라고 채찍을 든 누군가가 있었더라면."

결론부터 말하면 격려하고 응원하는 사람, 지금도 주위에 아주 많다. 채찍을 든 사람? 당신이 원한다면 원하는 대로 해줄 사람, 셀 수도 없다. 다만 그들을 받아들일 용기가 없을 뿐이다. 아니다. 용기는커녕 한없이 게으르고 싶은 마음에 자신을 놔둔다. 세상에 벽을 두고는, 격려하고 응원해줄 사람의 마음을 받아들이지 않고는,

한 걸음도 나아가지 못하는 자신을 한탄만 한다.

지금부터 한두 페이지 내 자랑을 좀 해야겠다. 재수 없더라도 들어주었으면 좋겠다. 나는 직장인이다. '숫자로 인격을 평가받는 부서'에 근무한다. 늘 예민할 수밖에 없다. 다행스럽게도 작년 실적은 나쁘지 않았다. 재작년에도 목표를 초과달성했다. 나름대로 목표 대비 달성 수준에서는 상위 10퍼센트 이내에 드는 것 같다. 운도 따랐고 또 그만큼 주위에서의 도움도 받아낸 덕분이다. 나는 돈벌이를 신성시한다. 열심히 일해서 그에 따른 보상을 받고 또 인정받는 일만큼 세상에서 즐거운 일도 별로 없다.

일상의 가장 중요한 시간을 회사에서 보낸다. 그래서 업무를 잘 해내려고 늘 고민한다. 최소한 직장에서 있는 시간만큼은 말이다. 좋은 성과를 내고 싶고, 인정받고 싶은 마음은 꽤 직장 생활을 한 나에게도 절대 후순위가 아니다. 그래서 회사에서의 생활은 늘 조심스럽고 또 에너지를 쏟아내야만 하는 힘든 일이다. 누군가에게 무시당하기 싫고, 특히 직장 생활을 소홀히 한다는 말은 가장 치욕스러운 말이다.

그런 나에게 이렇게 의심의 눈초리를 보내는 사람들이 있다.

"직장을 다니면서 어떻게 책을 쓰냐?"

나는 말한다.

"그냥 씁니다."

그렇다. '그냥' 쓸 뿐이다. 당신이 자영업자든, 월급쟁이든, 아니면 실업자든 관계없다. 당신은 집에서 무엇을 하는가. 나는 책을 읽고 글을 쓴다. 우리 집에는 티브이가 없다. 집에서는 스마트폰도 안 본다. 할 것이라고는 집안 가득히 쌓아놓은 책과 노는 일뿐이다.

책을 읽다가 멋진 구절을 발견하면 마치 보물을 찾은 듯이 기쁘다. 아름다운 말을 모으고 또 모은다. 모으다 보면 뭔가 쓰고 싶다. 그래서 하루에 원고지 10에서 20매 분량을 블로그에, 페이스북에, 아니면 한글 프로그램을 띄어놓고 쓴다. 그것이 바로 나의 취미다. 하루 피로를 풀어내는 나만의 스트레스 해소법이자 나를 찾는 방법이다.

나에게 '직장을 다니면서 어떻게 책을 쓰느냐'고 묻는 사람은 대부분 책을 쓰고 싶어 하는 사람이다. 그래서 이렇게 조언한다.

"괜히 시간 내려고 애쓰지 마시고 집에 있는 티브이부터 치우세요. 티브이만 없어도 시간이 남아돌아서 어떻게 시간을 보내야 할지 고민하게 될 테니까요. 그때 책을 읽고 글을 쓰세요."

가끔 부모님 댁에 가면 시간 가는 줄 모르고 티브이를 본다. 그리고는 후회한다. 이런 내 모습에 비춰볼 때, 집에 티브이가 있다면 퇴근하고 나서 종일 틀어놓을 것이 자명하다. 아마 정신 못 차리고 할 일을 잊어버릴 것이다.

하지 않을 일만 하지 않아도 우리에게는 그냥 할 시간이 차고 넘친다. 그때 그냥 하면 된다. 실천이란 원래 그렇다. 하고 싶었던 것을 마음껏 할 시간? 차고 넘친다. 시작했다면 끝을 보면 되고, 그 결과에 기뻐하면 된다. 이때 그냥 하는 내 행동이 미래의 나를 위해 할 만한 소중한 작업이라면, 언젠가 반드시 보상으로 돌아온다.

나는 '그냥' 책을 읽고, '그냥' 책을 쓴다고 했다. 물론 출판사에서 남을 괴롭히는 법, 사기 치는 법 등에 관한 책을 써달라고 하면 그에 응하지 않을 테다. 하지만 그런 출판사는 내 주변에 없다. 대부분 세상이 좀 더 좋아지는 주제의 원고를 요청한다. 이때 특별한 일정이 없다면 출판사에 그냥 쓰겠다고 말한다. 오히려 내가 고마워하면서.

왜? 세상이 좋아지는 일에 조금이라도 내 글이 도움 된다면 그것만큼 괜찮은 일이 또 어디 있는가? 그뿐이랴. 원고를 쓰기 위해서는 나 역시 그 분야를 공부해야 한다. 그리고 필요하면 실제로 적용도 해본다. 그 과정에서 나는? 조금 더 나아진, 어제와 다른 모습의 나를 만들어낼 수 있다. 과거보다 조직 커뮤니케이션에 능숙한 회사원 김범준, 과거보다 아이들의 말에 한 번이라도 귀 기울이는 아빠 김범준 등으로 말이다.

그냥 했을 뿐인데
꽤 괜찮은 사람이 되어버렸다

이 모든 것은 '그냥'에서 시작한다. 나는 회사에서 그냥 일에만 집중한다. 집에서는 그냥 아이들과 아내, 그리고 부모님의 일에 관심을 둔다. 대학원에서는 그냥 교수님의 말을 경청하고 동기의 의견에 고개를 끄덕이는 일에 몰두한다. 그리고 출판사에서 원고를 요청하면 그냥 하기로 한다. 그럼 된다. 각각의 자리에서 그것에 맞게 실천하면 된다.

극히 평범한 직장인, 아빠, 아들, 남편이었던 나는 나도 모르는 사이에 이십 여권에 가까운 책을 낸 작가, 수백 회 이상 강연한 강사, 장학금을 받으며 대학원을 졸업한 석사 등 남들이 보기에는 그리 평범하지 않은, 꽤 괜찮은 사람이 되어버렸다. 그냥 시작했을 뿐이고, 그냥 실천했으며, 그냥 기다렸을 뿐인데 시간이 나를 괜찮은 사람으로 만들었다. 그것도 하루하루 숨이 가쁠 정도로 빠른 속도로.

멋진 사람이 되겠다고 다짐하면서 시작하지 않았다. 훌륭한 일을 해야 한다고 조급해하지 않았다. 유명한 사람이 되리라고 기대하지도 않았다. 그냥 그때 해야 할 일을 실천했다. 특별히 처음부터 의지력을 발휘하지도, 대단한 결심을 한 것도 아니다. 다만 '~을 했더라면 좋았을 텐데'라는 쓸데없는 망상을 선택하지는 않은 것만은 분명하다. 대신 '그냥 하는 것'을 선택했고, 선택한 일을 바로 시작했으며 실천에 옮겼다. 시작할 때 특별히 멋진 로드맵을 그린 것도 아니었고, 미래의 아름다운 도달점을 상상한 것도 아니었다.

당신에게도 가능한 일이다. 지금 잘 모르겠다면 그냥 하면 된다. 무엇을 해야 하느냐고? 그것에 대한 해답은 이 책을 읽어나가면서 찾을 수 있으리라고 생각한다. 어떻게 해야 하느냐고? 그것도 마찬가지다. 책을 읽으며 해결하기를. 책임질 수 있느냐고? 물론 책임 같은 것은 지지 않는다. 나는 그냥 이 책을 쓰고 있을 뿐이니까. 하지만 분명한 것 하나만은 꼭 말하고 싶다.

"'그냥'이라는 말은 생각보다 참으로 멋진 말이다."

02

지금을 넘겨야
다음이 온다

무언가를 이루고 싶은 사람은 목표보다 행동에 초점을 맞출 줄 안다. 목표를 설정하는 것이 불필요하다는 말이 아니다. 다만 목표 그 자체보다는 과정에 초점을 둬야 한다는 것이다. 만약 당신의 목표가 A라는 시험에 합격하는 것이라고 해보자. 이때 다음 두 생각 중 바람직한 태도는 무엇일까?

① A라는 시험에 합격하겠다.
② A라는 시험에 합격하기 위해 중요한 것은 ~을 하는 것이다.

당신이 ②를 선택하기를 바란다. 목표를 향한 과정에서 승리의 기쁨을 지속해서 맛볼 방법이기도 하다. '내가 지금 당장 할 수 있는 단 하나는 무언가'에 초점을 두어야 한다. 시작을 수월하게 하고 실천할 수 있는 힘을 북돋운다. 지금 할 수 있는 것을 함으로써 자신에게 왜 출발해야 하는지, 어떻게 출발해야 하는지를 묻느라 정작 시작을 미루는 일을 막는 방법이기도 하다.

변화하고 싶은 사람이 있다. 그런데 늘 '내가 왜 변해야 하는가'를 묻고만 있다면, 변화의 이유를 찾으려고 시간을 소모하고 있다면 문제 아닐까. 무언가를 시작하려는 데 방해 요소만 될 테다. 변화의 이유를 찾는 노력보다는 '지금 무엇이든 하겠다는 의지와 행동'이 괜한 걱정과 쓸데없는 고민에서 해방해주며 성공을 얻어낸다. 시작하고 싶다면, 실천하고 싶다면 자기 자신에게 물어봐야 할 것은 단 한 가지다.

"더 나아지기 위해 내가 당장 할 수 있는 일은 무엇일까?"

작은 일이라도 상관없다. 작은 걸음 하나가 우리를 걱정 속에서 벗어나 새로운 길로 가게 해준다. 앞으로 남은 인생을 어떻게 살아갈지 걱정되는 것은 당연지사다. 그러나 그것은 살아보지 않은 이상 아무도 모른다. 가까운 데서 시작해보자. 인생은 자고 쉬는 데 있는 것이 아니라 한 걸음 한 걸음 나아가는 속에 있으니 말이다. 지금을 넘겨야 다음이 온다.

변화의 이유를 찾을 시간에
지금 할 수 있는 일을 찾는다

지금에 충실하지 못한 채 지나친 걱정에만 얽매여서 시작하지도 못하는 자신을 타박하는 것만큼 답답한 일도 없다. 실천하지 못하는 자신에게 실망만 하고, 그 실망으로 게을러지면 안 된다. 쉴 새 없이 시작해내야 더 나은 사람이 될 수 있다. 어제의 불가능을 오늘의 가능으로 바꿀 수 있는 것이다.

자동차를 파는 영업 사원이라면 밖으로 나가 전단지를 돌리는 것으로 시작하면 된다. 논문을 써야 하는 대학원생이라면 교수님에게 이메일을 보내 논문을 검토해달라는 데서 출발하면 된다. 했음에도 잘되지 않는다면? 전단지를 받아줄 또 다른 사람을 찾아나서면 되고, 전화를 걸어 약속을 잡고 교수님을 직접 찾아가면 된다. 다만 시작에 대한 구체적인 이미지 정도는 잘 설정해둘 필요가 있다.

고등학교 때의 일이다. 그때도 지금처럼 책에 관심이 많았다. 이것저것 책을 사 모았다. 심지어 참고서까지. 나는 그때 착각했었다. 수학 공부를 좀 더 잘하고 싶은 마음에 '책을 사는 행위'에 집중했다. 책을 책장에 꽂아 넣고는 만족했다. 이것은 일종의 망상이었다. 시작을 가로막고 실천에 방해되는 잘못된 생각이었다.

책을 사는 행위는 시작이 아니다. 책을 산 후 문제를 풀기 시작하는 바로 그 시점이 실천이다. 그런데 나는 책을 사면 그 자체로 왠지 뿌듯함을 느꼈었다. 아직 시작도 하지 않은 채, 실천에 들어가지도 않은 채 말이다. 친구들이 갖지 않은 참고서를 발견했다고 좋아하기만 하면서 정작 문제를 푸는 데는 소홀했다. 또한 문제를 푸는 데도 시간이 걸렸다.

이왕 시작한 것을 잘 실천해내고 싶다면 '시작에 대한 구체적인 모습을 이미지화'하는 것도 괜찮다. 아래에 소개하는 내용을 머리에 담아두면서 당장 무엇을 하려는 마음에 잠시 여유를 갖도록 해보자. 나는 이를 '멋진 출발을 위한 세 가지 마음 세팅'이라고 부른다.

첫째, 오늘을 잘 살아내겠다는 마음 세팅.

내일은 아직 오지 않은 미래다. 지금을 살지 않으면 내일은 없다. 그럼에도 우리는 내일에 매달리느라 지금 당장 내 눈앞에 있는 것을 외면한다. 코앞에 있는 중요한 일을 무시하고, 곁에 묵묵히 있는 사랑하는 사람을 알아차리지 못하면서 말이다. 오늘을 살 줄 알아야 한다. 오늘을 잘 사는 사람이 결국 미래에도 잘 사는 법이다.

불안은 과도한 스트레스에서 온다. 과학기술의 발달로 모든 프로세스의 시간은 줄고 생활은 편리해졌지만 그만큼 해야 할 것, 신경 써야 할 것도 늘었다. 즉, 현대인의 생활 도처에 스트레스가 널려 있다. 이런 생활은 늘 불안과 걱정을 우리에게 준다. 걱정하는 일이 실제로 일어나는 경우가 많지 않음에도 말이다.

미국의 시인 에밀리 디킨슨Emily Dickinson이 한 말처럼 "영원함이란 수많은 지금이 모여서 생기는 것"은 우리에게 시작의 의미를 일깨워준다. 찰나의 연속에 사는 우리가 미래의 걱정이나 행동 속 이유를 찾느라 아까운 시간을 낭비해서는 곤란하다. 내일의 일이 오늘의 일이 아니라는 이미지를 마음에 세팅하고 지금, 이 순간을 잘 살기 위해 당장 시작해야 한다.

둘째, 해야 할 일에 대한 마감일을 정하는 마음 세팅.

하지 않는 이유 중 하나는 '자신이 해내야 할 것에 대한 자신 없음'이다. 자신이 없으면 좀 더 구체적으로 행동 하나하나를 세팅해야 할 텐데, 오히려 주어진 시간이 흘러가도록 내버려 두는 것으로 자기를 팽개쳐버린다. 지나친 걱정과 두려움으로 행동을 주저하는 것이다. 이렇게 해서야 원하는 목표를 달성하기는 어렵다. 이럴 때는 마감 시간을 세팅해두는 방법을 권한다.

특히 걱정을 많이 하는 사람이라면 일보다 마감에 집중하는 방법은 성과물에 집중하는 것보다도 효율적이다. 마감일을 정한 후, 일 자체를 고민하기보다 자신에게 주어진 시간에 초점을 맞추다 보면 더 쉽게 일을 시작할 수 있다. '최선을 다하겠다'며 이런저런 생각을 하느라 시작을 주저하기보다는 '그냥 하겠다'고 마음을 세팅한 후에 실천의 발걸음을 옮긴다면 원하는 것에 쉽게 다가설 수 있다.

셋째, 회피하지 않고 잠시 기다릴 줄 아는 마음 세팅.

지금 무언가를 해야 한다고 해서 무작정의 시작은 독이 될 수 있다. 특히 지금 할 수 있는 무언가가 정해지지 않은 상태에서 무작정 시작하는 것은 실천에 따른 결과물을 부실하게 만든다. 성급해질수록 잠시 여유를 두는 것이 맞다. 단, 원하는 것에서 멀리 떨어지지 않은 곳에서 기다릴 줄 아는 여유를 가져야 한다. 지금 못하겠다고 하더라도 그것을 핑계 삼아 엉뚱한 곳으로 도망쳐서는 곤란하다는 말이다. 쉬더라도 지금 해내지 못한 바로 그 주위에서 맴돌면서 쉬어야 한다.

당신이 한 프로젝트에 대해 발표하는 날이 다가오고 있다. 걱정과 불안에 불면과 무기력을 겪고 있다고 해보자. 이때 발표가 걱정된다고 해서 연차를 내고 바닷가로 휴가를 가는 것이 옳을까? 시도 때도 없이 휴대폰 게임을 열어서 머리를 식히는 것이 맞을까? 아니다. 그보다는 잠시 하던 것을 멈추고 '가만히' 있을 줄 알아야 한다. 감정이 진정되기를 기다려야 한다.

무의미하게 게임으로 시간을 보내거나, 갑자기 어디론가 사라지는 것은 자신이 살고 있는 '지금, 여기'에 대한 예의가 아니다. 하고자 하는 일은 잘 해내는 것이 맞다. 그것은 '회피'보다는 '직면'에 의해야 한다. 무작정 피하기보다는 원하는 것에서 크게 벗어나지 않은 채 다시 시작할 힘을 비축해야 한다. 그렇게만 한다면 언젠가 시작할 수 있다. 실천하는 자신을 발견할 수 있다.

지금 못한다고 해서
그것을 외면하는 이유로 삼아서는 안 된다

지금을 넘겨야 다음이 올 수 있다는 평범한 진리를 알아챘다면 오늘을 일단 잘 살아내고, 자신에게 주어진 시간에 제약 조건을 부여한다. 이것도 저것도 할 수 없는 극도로 피곤한 상태라면 잠시 생각을 접고 쉬어가는 것을 마음에 세팅하도록 하자. 지금을 넘기지도 못한 상태에서 감히 다음을 복잡하게 설계할 필요가 없다. 지금, 그리고 여기에 집중하는 우리가 되기를 바란다.

타이밍 찾다가
타임 놓친다

타이밍이란 단어가 있다. '주변 상황을 보아 좋은 시기를 결정함'이 라는 뜻을 가진다. 우리는 이 단어를 흔히 '딱 괜찮은 타이밍'이나 '타이밍을 기다림' 등으로 활용한다. 하지만 타이밍은 기다리는 것 이 아니라 내가 만드는 것이다. 주변 상황을 살피다가, 좋은 시기가 올 때까지 기다리다가는 결국 아무것도 해내지 못한다. 내가 찾아 내지 못한 최적의 타이밍을 늘 다른 누군가에게 빼앗겨버린다.

기회는 기다리는 것이 아니라
만들어내는 것이다

'최적의 타이밍'은 결과가 나와야 할 수 있는 말이다. 일이 다 끝나고 나서야 최적인지 아닌지를 알 수 있으니 말이다. 그럼에도 우리는 타이밍을 무작정 기다리는 시간으로 착각한다. 언젠가 다가올 미래의 시간으로만 쉽게 생각해버린다.

'최적'과 '타이밍'이란 단어는 어울리지 않는다. '최적最適', 즉 가장 적합한 시기란 세상에 없다. 적절한 시기, 즉 '적기適期'를 기다리는 일도 우스운데 가장 적합한 시기를 하염없이 기다리는 것은 흘러가는 시간에 대한 예의가 아니다. 최적이란 개념은 행동을 미루게 할 뿐이다. 최적의 시기를 기다리지 않고 스스로 찾아 나서는 사람만이 자신의 몫을 찾을 수 있다. 타이밍에 최적의 시기는 '지금'이다. 지금이라는 타이밍만큼 완벽한 때도 없다. 실천력이 뛰어난 사람에게 최적의 타이밍이라는 개념은 없다. 현재를 기준으로 당장 해내야 할 것을 고민하고 또 바로 행동에 옮긴다. 이와는 반대의 사람도 있다. 타이밍을 찾는다고 헤매는 사람으로, 늘 시간을 소비해버린다.

인생이 늘 그렇고 그런 이유는 어쩌면 타이밍을 찾다가 놓치는 일이 반복되기 때문일 것이다. 언젠가 한국 여자축구가 국제대회에서 뛰어난 성적을 거두었을 때였다. 한 언론 기사는 이렇게 말했다.

"우리나라가 4강 신화를 이뤘던 2002년 한일 월드컵 당시, 지금의 여자 축구 대표선수들은 초등학교 1, 2학년이었다. 전국적으로 축구 붐이 일었던 그때 체계적인 축구를 배우기 시작했다. 어린 시절의 체계적인 훈련이 운동능력을 최대로 끌어올렸다. 기술 동작을 연결해주는 운동신경이 발달하는 최적기는 유치원부터 초등학교 저학년 때이다. 이 시기에 사람의 전체 성장과정 중 거의 90퍼센트에 이르는 신경 발달이 이루어진다. 5세에서 8세에 이르는 시기에 신체의 신경회로가 여러 형태로 연결된다. 따라서 운동신경을 발달시키는 데 최적기인 유치원부터 초등학교의 시기에 기술훈련을 주로 하여 여러 동작을 자연스럽게 할 수 있는 신경 연결이 이루어지도록 해야 한다.

– "여자축구, 일찍 시작한 운동이 승부 갈랐다", 송홍선, 동아일보, 2010년 11월 11일

기사의 제목은 "여자축구, 일찍 시작한 운동이 승부 갈랐다"였다. 기사에서는 '최적기'라는 단어를 사용했다. 하지만 운동을 시작하는 최적기가 과연 유치원부터 초등학교 저학년 때일까. 혹시 세 살이나 네 살 때 시작한다면 더욱 탁월한 성과를 보이지 않을까. 물론 어릴 때 시작할수록 실패의 경험도 많아지는 것은 당연하다. 하지만 실패가 성공의 여명이 보이기에 앞서 그 어둡고 침침한 이른 아침 시간이라고 생각한다면, 조금이라도 일찍 시작하는 것이 성공에 이르는 가장 현명한 방법이다.

먼저 시작하는 사람이 결국 승리한다는 평범한 진리를 이 기사

에서도 확인할 수 있다. 동등한 운동 유전자를 가진 사람이라면 하루라도 빨리 시작한 사람이 결국 승리자가 된다는 이야기다. 바로 지금이 최적의 시기임을 쉽게 넘겨버리고 우리는 기다린다. 최적의 기회를.

최적기를 '나 몰라라' 하고 흘려 보내놓고서는 '언제 최적의 타이밍이 오는 걸까?'라며 내내 기다린다. 이뤄지는 것은 없고, 기다리는 무언가는 늘 나와는 거리가 멀다. 그렇게 고단하면서도 보람 없는 일상을 보내는 사람이 되어버린다. 우리 삶이 늘 고만고만하고 가끔은 뒤처지며 때로 낙오하는 이유는 모두 시작하는 힘이 부족하기 때문이다. '시간 타령'으로 인해 생긴 문제다. 혹시 "때가 되지 않았어"라는 말을 입에 달고 사는 사람 중에 잘된 사람 본 적이 있는가? "아직은 아니야!"라며 고집부리는 사람 중에 위대한 사람이 된 것을 본 적이 있는가? 잘된 사람은, 위대한 사람은 늘 '그냥' 시작했다. 그냥 시작할 줄 아는 실천력으로 인생의 길을 닦을 수 있었고, 그냥 한 것만으로도 위대한 삶을 개척할 수 있었다.

인간이 진화를 거듭해서 오늘에 이른 이유는 생존하기 위해서였다. 생존하지 못하는 방향으로의 진화는 없다. 도태하지 않기 위해, 경쟁자에게 - 그것이 공룡이든 호랑이든 관계없이 - 뒤처지지 않기 위해 생존하려는 노력의 시작이 인간을 지구의 지배자가 되게 했다. 그것은 '생존을 더 잘하기 위한 무언가의 시작'이 합쳐

져서 이뤄진 것과도 같다. 생존의 위협에도 그저 머물러만 있던 동물은 쇠퇴했고 멸종했으며, 결국 먼저 움직인 인간의 지배를 받게 되었다.

우리 인생이 늘 고만고만하고 그렇고 그런 이유는, '행동의 부재'에서 찾아야 한다. 행동은 그냥 하는 실천의 모습이다. 상식적으로 봐서 나에게 나쁜 것이 아니라면 그냥 시작하면 된다. 인생 경력에 '플러스' 요인으로 작용하는 것이라면, 그냥 하면 된다.

세상에는 때가 되지 않아서 못하는 사람과 그냥 시작하는 사람, 두 가지 유형이 있다

진정 자유로운 사람들은 자기의 실패를 자신의 책임으로 돌리며 또 그것을 기꺼이 감수한다. 실패할지도 모른다는 가능성 때문에 올바른 목표를 향한 실천을 아끼지 않는다. 고귀한 실패가 수없이 많은 '하지 않음'보다 훨씬 낫다는 것을 그들은 안다. 이렇게 생각하는 사람, 엘론 머스크Elon Musk가 있다. 페이팔의 전신인 온라인 결제 서비스 회사 엑스닷컴X.com에서 시작하여 로켓 제조회사 겸 민간 우주기업 스페이스X를 창업했고, 현재는 전기자동차 회사 테슬라 대표 이사다. 머스크는 어떤 문제에 부딪혔을 때 해결 가능성을 그리 크게 염두에 두지 않는다고 한다. 하다 보면 길이 열리고 결국 해결책이 마련된다고 믿기 때문이란다. 어떤 종류의 패배에는 승리 이상의 승리가 있음을 아는 사람이다. 실패해도 쾌활할 줄 아는 이 사람은 승자다.

해보지 않은 일에서 성공 가능성을 추측하는 것은 애초에 불가능한 일이다

엘론 머스크가 한 말이다. 바다 건너 멀리 있는 사람이 한 말이지만 이런 멋진 말에는 박수를 보내지 않을 수가 없다.

도태되는 맛에
인생 살지 마라

사우스웨스트 효과Southwest effect라는 용어가 있다. 가격이 하락함에 따라 이용객이 늘어나는 현상을 말하는데, 이는 미국 사우스웨스트 항공사가 초저가로 서비스를 제공하면서 짧은 시간 내 미국의 4대 항공사로 성장한 데서 유래한다. 이 회사는 1971년 보잉 737기 단 3대로 시작했는데 경쟁사보다 30퍼센트 이상 저렴한 요금을 무기로 거대 항공사들과의 경쟁에서 결국 승리했다.

구성원들의 몰입도와 집중도가 특별히 높았다고 한다. 대표적인 예로 사우스웨스트 항공사의 항공기 대당 정비에 걸리는 시간은 20분을 넘지 않았는데, 이는 당시 경쟁사보다 50퍼센트에 불과한 시간이었다. 정비 소요 시간의 단축은 사우스웨스트 항공사의 우월한 기업 경쟁력으로 작용했다. 항공기는 어디서 돈을 버는가. 공중에 머무르는 시간이 핵심이다. 다른 항공사의 비행기가 지상에 머물러 정비에 시간을 소요하는 동안 사우스웨스트 항공사의 비행기는 공중에서 승객을 날랐던 것이다.

이 항공사는 꿈을 어떻게 실현해야 하는지 알고 있었다. 꿈만 꾸고 있으면 남는 것은 꿈밖에 없다. 기업이 원하는 것은 꿈이 아니라 결과다. '간절하게' 꿈을 바라는 사람은 언젠가는 그 꿈을 이룬다는 말도 있기는 하다. 간절하게 꿈꾸면 그 꿈을 이루기 위해 무언가를 시작하기 때문에, 그 말도 일리가 있다. 하지만 간절하게 꿈만 꾸다 그냥 꿈만 지닌 채 끝나는 사람도 예상외로 많다. 사람마다 '간절함'의 기준이 다르기 때문이다.

예를 들어, '나는 토익 만점을 받겠다'는 꿈을 간절히 꾸고 있다고 해보자. A라는 사람은 하루에 10시간씩 1년간 영어만 공부하는 것이고, B라는 사람은 하루에 30분씩 1년간 영어를 공부하는 것이다. 이때 A, B 모두 자기 나름의 간절함을 갖고 있다. 하지만 과연 간절함에 따른 성과는 같을까. 다를 것이다. 마찬가지로 동일한 꿈을 꾸는 사람들이 있을지라도 사람마다 그 꿈에 대해 생각하는 실행 의지는 모두 레벨이 다르다. 따라서 꿈은 시작일 뿐이며, 그것을 이루기 위한 구체적이고 즉각적인 실천이 성과를 좌우한다. 실천 과정에서도 간절함은 행동 의지를 결정짓는다. 토익 만점을 받겠다는 사람이라면 학원에 가서도 제일 앞자리에 앉는다. 제 돈 내고 간 영어학원의 뒷자리에 앉아 수업 시간에 카톡이나 보내지는 않는다.

사람들은 행동을 주저한다. 앞에 앉으면 강사가 시킬까 봐, 친구에게 오는 카톡을 보지 못할까 봐, 괜히 뒷사람의 시선을 받을까 봐 등 헛된 생각만 가득하다. 인생의 기회는 강사가 내주는 문제처럼 자주 있는 일이 아님에도 그렇게 뒷자리에 앉아 시간을 흘려보낸다. 일시적인 안정감을 위해 - 뒷자리에 앉을 때의 편안함을 느끼기 위해 - 중장기적인 성취의 가능성을 포기한다.

꿈만 꿀 뿐 아무것도 행하지 않는 사람은, 늘 마음뿐이다. 실천 방법이 잘못된 사람은 비행장에 비행기를 세워놓고 '안전함'에 취한 항공사와도 같다. 비행기 한 대가 만들어졌다면 그 비행기의 사명은 공중을 나는 일이다. 시동을 걸어 활주로를 달려 이륙해야 비행기 본래의 목적을 달성함에도 바람이 분다고, 비가 온다고, 눈이 내린다고 격납고에 비행기를 처박아놓는다. 그렇게 도태되는 것이다.

안전을 위해
이륙을 포기하는 비행기는 쓸모없다

자신을 되돌아볼 때다. 내 꿈은 무엇일까. 내 비전은 무엇일까. 그것은 '좋은 아빠'일 수도, '괜찮은 사업가'일 수도 있다. 어떻게 해서든지 나 자신의 사명을 간단하게라도 정의해두어야 한다. 그래야 무엇을 바라는지 알 수 있으며, 동시에 무엇을 피해야 할지도 명확해진다. 그리고 시작할 수 있다. 실천 과정에서도 흔들리지 않는다. 꿈을 이루기 위해 진정으로 실천을 위한 대가를 치를 준비도 철저하다. 비전이 흐릿한 사람은 실천 아니 시작 그 자체도 주저하는 경우가 많다. 그런 경우를 꽤 많이 봐왔다.

이때까지 책 몇 권을 냈다. 혹시 모를 독자 문의에 답변하기 위해 책 날개에는 꼭 이메일 주소를 적어놓는다. 기분 좋은 메일이 대부분이다. 읽고 나서 도움 되었다는 이메일을 받을 때면 솔직히 연예인이 된 듯한 기분마저 든다. 그런데 가끔 이런 메일도 온다.

"제가 원고를 쓴 게 있는데요, 첨부 파일을 보시고 피드백을 좀 해주세요. 출판이 가능할지."

"초고가 완성되었는데 이상하게 출판사에서 거절 답변만 받네요. 왜 그럴까요?"

"대형 출판사에서 책을 내셨던데… 그 출판사 편집자 소개해주세요. 아니면 전화번호라도 알려주세요."

"제가 쓰려는 책의 주제는 어떤가요?"

"혹시 도서 기획서 원본을 주실 수 있나요?"

"제가 블로그를 하는데 그 내용들이 책이 될 수 있는지 말씀 좀 해주세요."

그때 나는 이렇게 말한다.

"OOO 선생님의 책 쓰기 강좌를 들으시면 됩니다."
"XXX 선생님의 글쓰기 특강을 수강해보십시오."
"YYY 작가님의 토론 모임에 참석하십시오."

나는 그냥 관심 있는 분야를 쓰는 사람일 뿐인지 누군가의 원고에 대해 이렇다 저렇다 말할 수 있는 사람이 아니다. 책을 내준 출판사의 편집자들에게 생판 모르는 사람의 전화를 받게 할 이유도 없다. 대신 책을 읽을 때, 글을 쓸 때, 책을 낼 때 도움을 받은 사람들의 이름과 연락처를 알려준다. 그때 사람들의 반응은 90퍼센트 이상이 이랬다.

"돈 내야 할 텐데… 제가 돈이 없어서."
"따로 시간을 내기에는 바빠서요."
"주말에 수업이 있던데. 주말에는 시간을 낼 수가 없어서요."

그때 알았다. 세상에는 너무 쉽게 모든 것을 해결하려는 사람이 많다는 것을. 한편으로는 남보다 조금만 더 노력하면 예상외로 성공은 쉽게 다가온다는 것을.

'나는 시작했어!'가
'나는 결심했어!'를 이긴다

결심과 시작은 하늘과 땅의 차이다. 길은 의외로 가까운 곳에 있다. 그 길을 걸어가기 시작했다는 것은 드디어 꿈을 위해 행동에 옮겼다는 증거다. 반대로 가까운 길을 외면한 채 헛되이 먼 곳만 바라본다면 그것은 결심만 하고 있다는, 거짓된 꿈만 꾸고 있다는 방증이다. 앞에서 예를 든 것처럼 책을 쓰고 싶다는 사람들에게 아무리 좋은 선생님과 좋은 강좌를 소개해줘도, 그들은 시작을 주저했다. 물론 개인적인 판단이지만, 괜찮은 출발점을 안내해도 시작조차 하지 않았다. 대신 무언가를 탓했다. 돈을 탓했고, 시간을 탓했다. 그래 놓고서는 '내 이름으로 된 책 한 권을 내는 게 꿈이다'고 말했다. 그것은 자신의 꿈에 대한 모욕이다.

아리스토텔레스의 "시작이 반이다"라는 명언을 지금 또다시 꺼내고 싶지는 않다. 하지만 '결심보다는 시작을 어떻게 할 것인지에 좀 더 집중하는 것이 맞다'라는 생각에는 변함이 없다. 그러니 지금 당장, 무엇이든 시작해보기를. 강의실의 앞자리에 앉든, 책을 쓰기 위해 강좌를 듣든 말이다.

게으름과
느긋함의 적절한 차이

벤저민 프랭클린은 게으름을 쇠붙이에 낀 녹과 같다고 했다. 게으르다고 하면 보통 느린 행동과 움직이기 싫어하는 모습을 머리에 떠올린다. 하지만 사실 핵심은 결과적으로 무언가를 이루지 못한다는 데 있다. '게으름'과 비교해서 생각해야 할 단어가 있으니 그것은 '느긋함'이다. 느긋함이란 여유가 있고 넉넉하지만 할 것은 해내는 능력을 뜻한다. 느긋한 사람은 결과로 말하고, 성과로 능력을 보여준다. 게으른 사람이 늘 파멸과 씨름하느라 에너지를 소비하는 것과 다르다.

10시 약속을 하면 꼭 10시에 나타나는 사람이 있다. 그는 시간에 맞춰 사는 사람이라고 자기 자신을 좋게 평가한다. 하지만 기다리는 사람에게 그는 게으른 사람이다. 기다리는 사람보다 늦게 왔기 때문이다. 이와 반대로 약속 시간을 정하면 최소한 15분 이전에 도착하는 사람도 있다. 그는 조금 더 일찍 약속 장소에 도달해 여유를 갖는다. 이것이 느긋함이다. 그에게는 서두름도 약속을 어김도 없다. 늘 여유롭게 상대방을 맞이하는 웃음만 가득하다.

다시 한번 느긋함과 게으름을 정리해본다.

느긋함 : 해야 할 일은 빠릿빠릿하게 하되 서두르지 않는 것
게으름 : 해야 할 일임에도 남한테 피해 주면서까지 느릿느릿한 것

게으름이냐 느긋함이냐는 '해야 할 일에 대한 성취 여부'가 핵심이다. 즉 상대방에게 피해를 주지 않는 선에서의 여유로움이 느긋함이라면, 피해를 주는 서두름은 게으름이다. 참고로 게으른 사람은 할 일을 미루는 것을 휴식이라고 혼동하기도 한다. 마지막 순간까지 미루고 미뤄 놓고서는 '잘 쉬었다'고 생각한다. 그것은 잘 쉰 것이 아니라 잘못 살고 있는 것이다.

**해야 할 일을 성취하지 못하는 여유는 게으름이요,
해야 할 일을 성취하는 여유는 느긋함이다**

게으름을 어떻게 극복할 수 있을까. 게으름에서 벗어나 새로운 일을 시도하는 방법에는 어떤 것이 있을까. 게으름은 복잡한 현실에 대한 반작용으로서의 무기력함이다. 따라서 이리저리 뒤얽힌 일상의 모습을 단순화하는 것이 게으름 극복의 열쇠가 된다.

주말만 되면 이유도 없이 늦게 일어나는 사람이 있다고 해보자. 일어나서도 집에서 빈둥거리느라 허송세월을 보낸다. 무엇을 했는지도 모르게 항상 주말을 그저 그렇게 흘려보낸다. 이런 게으름을 고치고, 좀 더 느긋해지고 싶다면 어떻게 해야 할까?

첫째, 그냥 나간다.

게을러지지 않으려면 일 없는 날도 어딘가 나가는 것이 좋다. 갈 곳이 없다면 동네 카페라도 간다. 특별히 준비하고 가지 않아도 된다. 날씨만 괜찮다면, 누군가 볼 때 혐오스러운 옷차림만 아니라면 슬리퍼 하나 질질 끌고 가도 괜찮다. 그것만으로도 주말을 게으르지 않게 즐길 수 있는 조건을 만든 셈이다.

물론 핸드폰 하나 달랑 들고 가는 것을 권하지 않는다. 옷차림은 대충 해도 되지만 '손차림', 즉 손에 쥐는 것에서만큼은 정신 좀 차리고 나가야 한다. 대단한 것이 아니라 그저 사놓고 읽지 못한 교양서적이나 잡지 한 권을 손에 쥐고 나가면 된다. 카페에 앉아 핸드폰을 들여다보는 모습보다 책 한 권 펼쳐놓고 잠시 여유로움을 찾은 자신의 모습, 괜찮지 않은가.

둘째, 일상의 유니폼을 정해둔다.

일단 나가는 데 익숙해졌다면 이제 '몸차림'도 단순화해두자. 머리? 관리하기 쉬운 스타일로 한다. 자고 일어날 때 머리가 눌린다면 미리 파마라도 해두자. 옷? 가능하면 유니폼처럼 편하게 입을 만한 옷을 준비해두면 어떨까. 내 경우에는 '일상의 유니폼'이라고 부를 만한 옷차림이 있다. 토요일에는 무조건 청바지에 라운드티다. 날씨가 쌀쌀하면, 청바지에 남방에 스웨터 그리고 야구점퍼다. 1년 365일 비슷하다.

셋째, 늘 하는 것 한 가지를 정한다.

토요일 아침에 하는 일이 정해져 있다. 그것은 신문을 읽는 일이다. 평소에는 뭐가 그리 바쁜지 신문조차 읽을 시간을 내지 못한다. 그래서 일주일 치를 몰아서 읽는다. 집에 수북하게 쌓인 신문을 들고 카페로 가서 차분하게 읽기 시작한다. 보통 두세 시간이 걸린다.

나는 직장인이지만 이런저런 글을 쓰는 것을 취미처럼 한다. 각종 전문 서적을 보기도 하지만 놓치지 말아야 할 이슈가 담긴 신문을 읽는 것을 게을리하지 않는다. 신문 속에서 책에 응용할 만한 내용을 찾아낼 때면 늘 짜릿하다.

주말을 잘 보내는 법을 간단히 설명했다. 별것 아니다. 그저 '눈을 뜨면 나가라'는 것이 전부다. 나가는 복장을 준비해둔 후에 무엇을 할 것인지 딱 하나만 정해서 그냥 해보라. 그것이 시작이고, 실천이다. 당신의 마음이 '그냥 누워 있어'라고 유혹할 때 '아니야, 난 그냥 나갈래. 책 읽으면서 쉴래'라고 이성이 통제할 줄 아는 사람에게 게으름이란 없다.

생각에 얽매이는 시간이 길면 길수록 그 생각에 지배되어서 없던 게으름도 나타난다. 마음은 간사해서 이런저런 생각이 들어오면 무조건 핑곗거리를 만들어 뒤로 냅다 뺄 궁리한다. 그러니 할일의 우선순위를 정하고, '싫다' 생각할 새 없이 무념무상인 채로 시작하는 프로세스를 만들어두자.

06 매일 아침 시작하는
그것이 내일을 바꾼다

'올림픽에서 얻은 금메달 23개.' 한 나라의 이야기가 아니라 한 개인의 이야기다. 마이클 펠프스는 2004년 아테네 올림픽부터 2016년 리우데자네이루 올림픽까지 총 금메달 23개를 따냈다. 주의력결핍 과잉행동장애 ADHD 판정을 받고 이를 극복해낸 것으로 유명한 선수이기도 하다. 어릴 때부터 두각을 나타냈던 펠프스는 물고기처럼 수영한다고 해서 '펠피시 펠프스 + fish'라는 별명으로 불렸다. 그런 그가 한창 이름을 날릴 때 한 인터뷰에서 이런 말을 했다.

"나는 오늘이 무슨 요일인지 몰라요. 오로지 수영만 하죠."

펠프스는 하고자 하는 일을 했다. 해야 할 일을 했고. 결국 그것이 올림픽 금메달 23개라는 성과로 돌아왔다. 물론 그 이전에 치밀하게 설계된 훈련 스케줄, 그리고 그것을 도와주는 수영 코치, 가족의 헌신적인 도움이 있었음도 사실이다. 하지만 자신이 해야 할 일을 하는 데 게으르지 않았다. 생각해보자. 우리는 무엇을 시작하기에 부족함이 그리도 많은가. 혹시 이미 '채워진 충분함'에도 '채워지지 않는 부족함'을 찾아 헤매면서 시작을 미루지는 않는가.

나는 오늘이 무슨 요일인지 모른다
그저 해야 할 일을 할 뿐이다

일하기 전에 대책과 방법을 잘 정리해두는 것이 중요하지 않다는 말이 아니다. 시작은 곧 앞으로의 방향을 결정짓는 것이며, 바르게 출발하지 않으면 정확하게 목적지에 도달할 수 없기 때문이다. 하지만 이런 준비가 끝도 없이 시작을 미루는 변명이 되어서는 곤란하다. 시작하는 힘은 '일단 하는 것'에서 강화된다. 아무리 높은 산도 산 밑에서부터 첫걸음이 시작하는 것처럼 모든 것의 완성은 지금 옮기는 한 발자국에서 출발한다.

시작하지 않으면 실패는 없다. 그런데 시작하지 않으면 성공도, 아니 아무것도 없다. 첫 단추를 잘못 끼우면 마지막 단추는 처리할 수 없다. 하지만 첫 단추를 끼우지 않으면 옷을 풀어 헤치고 다녀야 한다. 생각에 사로잡혀서 자신의 발목을 잡는 사람이 다름 아닌 자신이 아니었는지 살펴볼 일이다.

어떠한 일이든 시작이 중요하며, 시작만 하고 보면 성공 가능성이 반쯤은 보인다. 물론 실패 가능성도 반이다. 그럼에도 아무것도 하지 않으면 아무것도 얻을 수 없다. 부정적이고 왜곡된 신념을 가진 사람에게 게으름은 친한 미소를 보낸다. 삶에 유용하고 긍정적인 실천 습관을 지닌 사람에게는 성공적 성취가 다가온다.

시작이 있어야 끝이 있다. 시작이 없는 끝이란 있을 수 없다. 수영선수 펠프스가 오늘이 무슨 요일인지, 무엇을 해야 하는지 특별히 관심을 두지 않은 채 수영장에서 연습에만 몰두하는 모습을 머리에서 떠올려보자. 그리고 주말 아침 일어나서 눈곱을 떼기도 전에 티브이를 틀어놓고 멍하게 앉아 있는 자신을 기억해보자. 부끄럽다면 별것 아니다. 그냥 나가면 된다. 나가서 신문 한 장, 잡지 한 페이지를 카페에서 읽으면 된다.

아무리 생각해도 무엇을 시작해야 할지 모르겠다면 자신이 사랑하는 것에 관심을 두는 일부터 시작하기를 권한다. 단, 그것을 입으로 표현해야 한다. 자신이 사랑하는 사람이 아이들이라면, 하고 싶은 활동이 라틴 댄스라면, 원하는 일이 여유로운 휴식이라면 이렇게 혼잣말해보는 것이다.

"나는 오늘이 무슨 요일인지 모른다. 주말엔 오로지 아이들과 함께 시간을 보낸다."

"나는 오늘이 무슨 요일인지 모른다. 퇴근 후엔 오로지 내가 좋아하는 차차차를 배운다."

"나는 오늘이 무슨 요일인지 모른다. 휴가 땐 오로지 나 자신만 생각한다."

이것도 저것도 아닌 것이 최악이다. 무엇을 해야 할지 몰라서 스마트폰을 뒤적이거나 티브이를 틀어놓고 시간을 보내는 것만 아니면 된다. 꿈을 모르겠다고, 무엇을 해야 할지 아직 정하지 않았다고 자신의 나태한 모습을 그대로 방치하는 것은 스스로 벌받을 준비하는 사람일 뿐이다.

펠프스가 무슨 요일인지도 모르면서 수영에 몰입했던 것처럼 나에게도 그런 것이 하나 있다. 나는 무슨 요일인지 모르고 책을 읽는다. 언제 읽느냐고 묻는다면 "출퇴근할 때, 그리고 집에서 읽는다"라고 답한다. 집에서 사무실까지는 1시간 정도 걸린다. 그래서 출근할 때 책을 든다. 아침 7시가 아직 안 된 시간, 앉아서 가면 좋겠지만 서서 가도 충분히 지하철은 '꽤 괜찮은 독서실'이다. 이렇게 출퇴근 시간에 책과 함께라면 하루에 두 시간 이상 독서도 가능하다. 대한민국 성인 중 하루에 두 시간을 규칙적으로 책을 읽는 사람이 도대체 몇 퍼센트나 될까? 고백하건대 나는 상위 0.01퍼센트

안에 드는 사람이라는 자부심이 – 건방지지만 – 있다.

아침에 일어나 가장 먼저 하는 것이 무엇인가?
일터로 나가면서 가장 먼저 손에 잡는 것이 무엇인가?

나는 책을 좋아한다. 책을 좋아하다 보니 글도 끼적거리게 되었고, 글을 끼적거리다 보니 '주제넘게' 책도 여러 권 쓰게 되었다. 평범한 직장인인 내가 원고를 쓰고 책을 내는 데 높은 인지도나 구매자의 충성도를 얻었다면, 그것은 다른 사람과 비교했을 때 나름의 차별화 요소가 있었기 때문일 것이다. 이 모든 것의 시작은? 펠프스의 그것과 그리 다르지 않았다.

"나는 오늘이 무슨 요일인지 모른다. 날짜도 모른다. 오로지 책을 들고 출근길을 나설 뿐이다."

매일을 시작할 때 가장 먼저 하는 바로 그것이 나를 만든다.

C 학점 받고도
성공한 사람의 특징

07

페덱스FedEx란 회사가 있다. 1971년 프레드릭 스미스Frederick Smith
가 테네시주 멤피스에 세운 특급배송업체 페더럴익스프레스Federal
Express에서 출발했다. 현재 DHL, UPS와 함께 세계 3대 항공화물
회사에 속한다. 그런데 창업주 프레드릭 스미스가 회사를 세우게
된 에피소드가 흥미롭다.

스미스는 1965년 예일대학교에서 경제학 강의를 듣는다. 그 강
의에서 새로운 화물수송제도에 관한 보고서를 제출했다. 내용은
미국의 인구 밀집 지역에 수하물 집결지를 만들고, 화물을 여기에
집결시킨 후 자전거 바큇살 모양으로 미국 전역에 배송하자는 것

이었다. 이 보고서는 'C 학점'을 받는다. 스미스는 실망하지 않았다. 오히려 자신의 구상을 실행에 옮겨 사업에 뛰어들었다. 그것이 페덱스의 시작이었다.

스미스가 C 학점에 좌절했다면 은행원이나 증권사 직원 정도로 평범하게 살다가 지금은 은퇴해 고향에서 조용히 살고 있을 테다. 게다가 페덱스란 기업은 지금 존재하지 않을 것이다. 그는 '고작 학점 따위'에 연연하지 않았다. 자신이 생각한 아이디어를 적극적으로 실행했다. 교수님의 칭찬도 없었고, 누군가의 응원도 없었지만 세계 최고의 기업을 만들어냈다. 스미스는 그냥 시작했을 뿐이었지만 그 결과는 말 그대로 대단했다. 성공 공식을 굳이 표현해보자면 '완성된 비전 → 행동 → 성과'가 아니었다. '약한 비전 → 행동 → 성과 → 완성된 비전'이었다. 한없이 미루는 대신 한 가지 주제를 잡아 '당장' 실행에 옮겼던 것이다.

스미스는 극단적 사고를 하지 않는 사람이었다. C 학점을 받았다고 해서 '나는 아무것도 제대로 할 수 없는 사람이야'라고 스스로 타박하지 않았다. 자신에게 나쁜 학점을 준 교수님을 비난하거나 원망하지 않았다. 그저 자신이 해야 할 일을 묵묵히 시작하고 또 실천할 줄 알았다. 그것이 성공 비결이었다. 걱정만 하며 앉아 있기보다는, 과거에 살기보다는 지금 움직이는 방법을 선택한 덕분이었다.

"작가는 오늘도 쓰는 사람이다"라는 말을 들은 적이 있다. 자기 스스로 작가라고 해놓고서는 수없이 많은 날 동안 글감이 떠오르기만을 기다린다면 작가가 아니다. 게으름뱅이일 뿐이다. 작가라면 아무런 생각이 나지 않아도 '오늘 당장' 그리고 '지금 여기'에서 글을 쓰는 사람이다. 노트북을 펴고 글을 쓰든, 원고지에 글을 쓰든 그것도 아니면 하다못해 스마트폰에 글을 쓰든 말이다. 하루의 시작을 책 읽기, 글쓰기, 아니면 관심 분야에 대한 기삿거리를 찾아 읽기로라도 하지 않는다면 작가가 아니다.

이것은 그냥 열심히 하는 것과 다른 차원이다. 무엇을 이루겠다고 1년, 3년, 5년을 계획만 하는 사람보다는 자신의 꿈이 대략이라도 그려졌다면 '백만분의 일이라도 내 꿈을 이루기 위해 무언가를 할 것이다!'라고 다짐하는 사람의 성장이 앞서는 것은 당연하다. 동일한 목표와 꿈을 가졌다고 하더라도 그것을 이뤄내기 위한 접근 방법이 전혀 다르다. 물론 자신이 처한 상황에 따라 이 방법은 다양한 모습으로 나타난다.

직장인이라면 무엇으로 하루를 시작해야 할까? 직장인은 보통 하루 단위로 일정을 짠다. 짧은 시간이다. 그렇다면 무작정 무언가에 덤비기보다는 일정에 대한 정리가 먼저다. 직장인이 출근하자마자 오늘 할 일을 미리 확인하지도 않은 상태에서 컴퓨터를 켜 이메일을 열고, 갑작스레 호출된 상사의 지시 사항에 허덕댄다면 '프로 직장인'이 아닌 '아마추어 월급쟁이'다. 직장인이라면 잠시

라도 오늘 할 일이 무엇인지 정리한 후에 시작하는 것이 맞다. 그것이 현명한 시작이며 결과적으로 빠른 시작이다.

직장인은 오늘 할 일을 확인하는 것으로 시작하는 사람이다

외국인이 한국에 와서 가장 먼저 배우는 단어가 '빨리빨리'라고 한다. 그렇다면 우리는 부지런한 민족일까. 나는 그렇게 생각하지 않는다. 우리는 너무 느긋하다. 빨리빨리를 외치는 이유는 뭔가를 빨리해내기 때문이 아니라 시작이 늦어서, 실천에 굼떠서 늘 시간에 쫓기기 때문이다.

약속 시간이 10시라면 9시 50분쯤 약속 장소에 도착할 것을 예상하고 출발하면 되는데 집에서 마지막까지 '뭉그적'거리다가 결국 시간에 쫓겨 집을 나와서는 택시기사에게 빨리 가달라고 한다. 자신이 늦게 시작해놓고서는 빨리빨리를 외친다. 우리는 스피드를 사랑한다고? 천만에! 게으름을 선호하는 민족이다.

일의 진행 속도가 빠르다는 것은 시작이 빠르다는 말이다. 시작이 늦은 상황에서 아무리 중간에 빨리를 외쳐봐야 그것은 '에러'다. 자신을 속이고 상대방을 속이며 세상을 속이는 일이다. 인생에서 성공을 증명할 수 있는 길은 '지금 당장' 시작하는 방법밖에 없다. 실천했는지 안 했는지에 따라 인생 성공의 결과는 사뭇 다르게 나타난다.

골든타임이라는 말을 들어봤을 것이다. 의학적 의미로 환자의 생사를 결정짓는, 사고 발생 후 수술과 같은 치료가 이뤄져야 하는 최소한의 시간golden hour이다. 이는 방송 용어기도 한데 방송계에서 시청률이 가장 치솟는 시간대prime time를 말한다.

우리에게 골든타임은 어떤 것일까. 나는 '스타트타임start time'이라고 생각한다. 인생을 바꾸는 골든타임은 시작하는 시간, 즉 스타트타임이며 인생의 성공은 이 타임의 종속변수일 뿐이다. '왜 나에게는 골든타임이 오지 않는 걸까'라고 한탄하기 전에 그동안 주어진 수많은 시작의 기회를 어떻게 내팽개쳤는지 되돌아보는 것이 먼저다.

골든타임의 다른 말은
스타트타임이다

스타트를 한 바로 그 시점이 골든타임이라고 생각하고 시작해야 한다. 시작했다면? '실천했다'고 하면 된다. 시작과 실천의 시간은 순간적으로 우리에게 다가오는데, 그 순간을 포착할 줄 알아야 한다.

시작해야 한다. 그래야 실패도 제대로 해볼 수 있다. 시작하지 않으니 실패조차 허접하다. 성공보다 실패에서 더 많은 지혜를 배울 수 있어야 하지만 제대로 된 실패가 없으니 제대로 된 배움도 없다. 시작하지 않은 사람은, 제대로 된 실패를 해보지 못한 사람은 아무것도 하지 않는 인간임을 스스로 증명할 뿐이다. 이제 '시작했다'고 말하기 위해 가져야 할 몇 가지 마음가짐을 정리해보자.

첫째, 독한 마음을 품는다.

착한 사람이 시작하지 못한다는 것은 아니다. 하지만 자기 자신에 대한 여유로움을 착한 것으로 착각하지는 말기 바란다. 자신에게 기회가 왔다면 시작해야 한다.

언젠가 첫째 아이가 학생회의 임원이 되겠다고 면접을 준비하는 광경을 보았다. 내 인생에는 그런 일이 없었기에 생소했다. 솔직히 학교에서, 직장에서 좋은 자리에 오르고 싶었지만, 첫째 아이처럼 중요한 자리에 오르기 위해 어떻게 준비해야 하는지 고민한 적은 없었다.

'나보다 더 나은 철수가 있으니 조용히 있어야지.'
'나보다는 아무래도 최 과장이 먼저 팀장이 되겠지.'

시작도 하지 않고 나중에 후회했다. 나보다 백만 배 더 나은 누군가가 있더라도 시작했어야 했다. 시작하고 또 원하는 대로 되지 않는 상황에서 무언가 배워야 했다. 실패가 두려워 결국 누군가를 이끄는 자리에 오르지 못했고 이끌리는 위치에 있게 되었다. 시작하고 싶다면? 자신에게 독해야 한다. 그리고 나설 때는 나서야 한다.

둘째, 시작을 잘하고 싶다면 실패를 두려워하지 않는 마음이 필수다.

시작하지 않고 그냥 있는 사람의 공통적인 태도로 '열심히 해도 성공 확률이 높지 않아'라며 자신을 세뇌하는 것이 있다. 성공 확률이 높지 않다는 회의감을 무작정 받아들인다.

성공하는 사람은 그와 반대다. 선불리 실패를 고민하지 않는다. 성공과 실패는 예측의 문제가 아니라는 것을 알기 때문이다. 대신 지금 묵묵히 자신이 해야 할 일을 열심히 하면 그만큼 성공의 가능성이 커진다는 긍정의 태도를 취한다. 앞날을 걱정하지 않되 지난날을 후회하지 않는 사고방식, 그리고 미래에 다가올 실패에도 쉽게 좌절하지 않는 마음가짐을 지닌다.

셋째, 시작을 잘하기 위해 나름의 의식을 준비해둔다.

사무실에 앉아 있을 때 가끔 일하기 싫은 순간이 온다. 그럴 때 나는 회사 지하의 카페테리아에 가서 진한 에스프레소 한 잔을 주문하여 원샷한다. 그리고 사무실로 돌아온다. 업무로 돌아오는 그 10분이라는 시간, 그 정도의 시간을 허비하는 것은 괜찮다고 생각한다. 이렇듯 시작을 위한 나름의 절차를 마련해두면 좋다.

개인적으로 '시작했다'는 말을 입에 달기로 했다. 생각에는 과거와 미래가 있지만 실천은 지금뿐이다. 멀리 내다보는 계획보다 주어진 순간에 집중하면서 하루하루를 보내려고 한다. 이런 노력은 시작과 실천의 결과가 다소 아쉽더라도 전반적으로는 훌륭하다고 말할 수 있다. 그래서 나는 오늘도 그냥 시작한다. 시작의 마음을 무기력하게 하는 생각의 함정에서 빠져나와 그냥 하기로 했다.

배움에
돈을 아끼지 않는다

08

기우제祈雨祭란 가뭄이 계속되어 농작물의 성장에 해를 입을 때 비가 내리기를 기원하며 지내는 제의祭儀다. 우리 민족은 농업을 근간으로 생활해왔다. 가뭄에 대한 대책은 민간뿐만 아니라 국가에서도 적극적으로 강구해야 할 과제였다. 가뭄이 계속되면 당장 먹을 것이 문제가 되기 때문에 기우제로 이를 해결하고자 했다. 마음이 하늘에 닿기를 원하면서.

아메리카 인디언에게도 기우제가 있었다. 특별히 이들의 제의는 고유명사처럼 '인디언 기우제'라고 불린다. 거기에는 이유가 있다. 인디언들이 기우제를 지내면 '반드시' 비가 내렸다고 한다.

하늘에 대고 절했는데 정말 비가 온단 말인가? 그렇다. 이 기우제는 기한이 정해지지 않은 행사였기 때문이다. 즉, 비가 내리는 그 순간까지 몇 날 며칠을, 아니 몇 달이라도 계속 기우제를 지낸다. 비가 내릴 때까지 기우제를 지내니 하늘도 어찌할 수 없는 이 오기와 끈기에 손을 들어버린 것이다.

핵심은 '끝까지 해냄'이 아니라 '무모하지만 일단 시작함'이다

인디언 기우제에서 세상의 자연적 이치를 모르는 우매함을 말하고자 하는 것이 아니다. 그렇다고 해서 밑도 끝도 없이 성과가 나올 때까지 해내는 끈질김을 칭송하려는 것도 아니다. 여기서 우리가 배워야 할 것은 희망이 없는 바로 그 순간에 무언가를 시작해보겠다는 마음가짐이다.

한없이 계속되는 기우제 과정에서 이들은 인내심의 한계를 느꼈을 테다. 어쩌면 자신들의 행동이 무의미하다는 것을 직감적으로 느꼈을지도 모르겠다. 그럼에도 맑은 하늘에 '비를 내려달라'고 애절하게 간청하는 행동의 시작 그 자체에 박수를 보낸다.

이들은 간절했기에 뭐라도 시작한 것이다. 물론 시행착오를 거쳤을 것이고 그 과정에서 기우제만으로는 부족하다는 것을 알았을 테다. 기우제를 대체할 만한 대안을 찾아 나섰을 것이고 결국은 저수지를 쌓거나, 물을 어딘가에 비축하는 방법으로 삶을 조금씩 개선해나갔음이 틀림없다.

이들은 긍정적이었다. 긍정은 확장성을 갖는다. 긍정을 잃지 않음으로 무언가를 시작할 수 있었고 또 그것의 한계를 느끼며 새로운 무언가를 찾아 나설 줄 알았다. 이 모든 것의 시작은 무엇이었는가? 바로 기우제였다. '뭐라도 해보자'는 실천이 결국 일상을 변화시켰다.

우리에게는 각자의 목표가 있다. 그것을 위해 무언가 하고자 한다. 하지만 그 하고자 하는 무언가를 찾아내는 데 너무나 큰 노력을 쏟고 또 지친다. 정말 급한가? 정말 원하는가? 그렇다면 인디언 기우제와 같은 말도 안 되는 행동이라도 시작해야 한다. 취직이 되지 않고 있다면, 그래서 죽을 것 같다면 교회에 나가 100일간 새벽 기도를 하든지, 절에 나가 50일간 천 배를 하든지 해야 한다. 이렇게 하다 보면, 그 행동들이 '힘들고 짜증 나서라도' 새로운 방법을 생각해낼 것이라고 본다.

당장 무언가가 보이지 않는다고 이리 뒹굴 저리 뒹굴 거리면서 시간을 보내는 것은 자기 자신을 위한 일이 아니다. 목표를 위해 준비하고 계획하며 고민하는 것도 물론 중요하지만 지금 당장 목표와 꿈을 위해 작은 것부터라도 시작해보겠다는 태도가 중요하다. 그것이 다소 허황된 행동이라고 할지라도 말이다.

'되지도 않는데 끝까지 해보라'는 말을 하지는 않겠다. '최선을 다하면 반드시 좋은 결과가 생긴다'는 희망 가득한 말만 잔뜩 하고 싶지도 않다. 그저 묵묵히 시작하는 것을 두려워하지 말기를 바랄 뿐이다. 일단 시작하면 끝은 분명히 있다. 그 끝이 원래 생각했던 모습이 아니라도, 아니 그 끝을 결국 포기할지라도 우리는 실패로부터 배우며 그 배움으로 다시 도전할 수 있다. 더 나은 성장을 위해 하얀 도화지에 예쁜 색들로 채색해나가려는 첫 붓질이 필요하다.

무엇을 시작해야 할까. 개인적으로는 배움에서 시작하기를 권한다. 이제는 평생교육의 시대다. 아니 교육이라는 단어는 너무 무거우니 '평생배움'의 시대 정도로 표현해도 되겠다. 어쨌거나 배우지 않으면 따라갈 수 없는 세상이 되어버렸다. 그렇다고 해서 배움에 선입견을 품을 필요는 없다. 영어를 공부하라거나 미적분 문제를 풀어야 하는 배움이 아니다.

배움이란 '내가 조금만 일찍 깨달았다면 공부했을 모든 것'을 말한다. 개인마다 배움의 종류가 다를 수밖에 없다. 그러니 누군가의 배움을 따라 할 필요는 없다. 하지만 무언가를 배우려는 시도는 당장 하기를 권한다. 배움에 늦은 때는 없지만 배움이 늦춰지는 일은 있기 때문이다. 자기에게 부족한 무언가를 느꼈다면 바로 시작해야 한다. 늦깎이 학생이 되어 인생의 터닝 포인트를 맞이한 사람이 내 주변에도 꽤 많이 있다. 그들은 새로운 것을 배우고, 새로운 꿈을 꾸며 성장해가는 사람들이다.

나에게도 배움은 새로운 삶을 위한 터닝 포인트이자 새로운 출발이었다. '제2의 배움'은 마흔이 넘어서 시작되었다. 직장 안과 밖에서도 존재감을 드러내지 못하던 내가 이제는 직장인이자 작가로, 그리고 강연가로 활동할 수 있었던 이유도 '부족함을 느끼기 시작한 바로 그때' 배우기 시작한 데서 출발했다.

독서 모임에 참석하고, 수없이 많은 오프라인 강좌를 수강했다. 나보다 나은 사람들을 찾아다니며 그들의 말을 경청했다. 하루하루 나와 다른 경험을 한 사람의 이야기를 듣고 나에게 적용하려고 했던 배움의 경험이 모이기 시작했다. 나이 마흔이 될 때까지 다른 사람보다 뒤처진 나를 보고 괴로워했지만 배움이 시작되고부터는 '조금 늦었지만' 새롭게 일어서는 계기를 만들었다.

모르는 것을 배우고 배운 것을 나에게 적용하는 자신이 대견해지는 경험도 했다. 조금씩 자존감이 높아졌고, 스스로 칭찬하게 되었으며 글을 쓰게 되었다. 심지어는 내 경험을 다른 사람들에게 공유할 기회가 생겼다. 책으로, 강연으로, 인터뷰로 말이다. 나도 모르게 그동안 허비했던 시간을 알아차리면서 시간을 아끼고 배움을 더해갔다. 그래서 언젠가 끝날 제1의 인생을 더 당당하게 살아갈 수 있었다. 또 언젠가 시작될 제2의 인생을 좀 더 느긋하게 바라볼 수 있는 여유를 찾았다. 이 모든 것은 무언가 배우려는 시작에서 비롯했다.

자신의 부족한 부분을 개선하기 위한 투자만큼
유익한 투자는 세상에 없다

가끔은 배움에 큰돈도 든다. 언젠가부터 머릿속이 고갈된 느낌이 들었다. 그때 거금을 들여서 상담심리학과 인적자원개발HRD에 대해 공부하기로 결심했다. 대학원에 입학했고 입학하자마자 후회했다. 힘들었기 때문이다. 직장인이기에 매주 토요일에만 수업이 있는 대학원을 찾았고 결국 서울에서 천안을 오가며 공부해야 했다. 새벽 5시에 나가 밤 10시에 귀가하는 토요일을 이겨내야 하는 석사과정 2년은 육체적으로 힘들었다. 게다가 큰돈을 들여야 하는 것 이상으로 불편했던 점은 사랑하는 가족과 함께할 시간을 빼서 배움에 할애해야 하는 상황이었다. 그럼에도 그냥 하기로 했다. 그리고 곧 나는 속된 말로 "심봤다!"를 외쳤다. 평소라면 토요일 아침에는 '불타는 금요일'에 흥청망청 마신 술로 고생했을 테다. 대학원에 다니니 금요일 밤은 술 마시는 시간이 아니라 다음 날 수업을 준비하는 시간이어야 했다. 또한 대학원에서 수많은 사람이 삶을 개척하려고 배움에 몰두하는 모습을 지켜보면서 정신도 번쩍 들었다.

그뿐이 아니었다. 책을 쓰고, 강연하면서 늘 부족함을 느끼던 심리학 이론 그리고 상담의 정교한 기법을 체계적으로 배울 수 있었다. 심리학 이론을 글쓰기에 반영하기도 했다. 이후 쓴 책은 대학원 입학 이전과는 다른 호응을 얻었다. 속물적으로 계산해봤을 때도 학비에 사용한 돈 그 이상을 회수(?)하고도 남은 것이다.

직장인이지만 내 돈을 들여 들어간 대학원은 인생에서 가장 잘한 선택이었다. 그렇게 석사과정을 마쳤다. 처음에는 '석사학위만 따면 된다'라고 생각했지만 결과적으로 그 이상을 배웠다. 최근에는 새로운 대학원에 진학했다. 지금은 그곳에서 인간의 고통을 해결하는 방안으로 마음 다스리기를 배운다. 지금의 나에게, 그리고 미래의 나에게 분명히 선한 영향력을 주리라고 믿으면서 말이다.

어렵고 힘든 점이 있다면, 그것을 고치고 개선하는 법을 배우면 된다. 당신이 어려우면 남도 어렵기 마련이다. 바로 그것을 배우도록 하자. 그리고 개선하라. 배우고 개선했다면? 언젠가 그 과정과 결과를 세상에 표현하고 알려라. 새로운 삶을 위한 극적인 전환점으로 작용하리라.

이를 위해서는 어쩔 수 없다. 노력, 노오력, 아니 '노오오력'을 해야 한다. 시간을 들여야 하고 돈을 들여야 한다. 하지만 시간과 돈을 쏟아붓는 것, 모두 나 자신을 위한 일 아닌가. 그런 배움은 인생을 극적으로 변화시키는 데 도움을 주고도 남는다. 모르면 배워야 하고, 배우고 싶다면 시간과 돈을 투자하자. 그것이 시시껄렁한, 혹은 전혀 인생과 관계없는 자격증 따위만 아니라면 세상에 그것만큼 아름다운 투자도 없을 테니까.

이유를 찾지 말고 방법을 찾아라

09

퀴즈!

한 작가가 있다. 작가는 서른 후반에 소설 하나를 쓰고는 20여 년이 지난 후에야 다시 소설 책 한 권을 낸다. 그때 그의 나이 쉰여덟이었다. 20여 년에 걸쳐서 '달랑' 책 두 권이라니. 얼핏 생각하면 그저 그런 작가일 것 같다는 생각이 든다. 그런데 그 소설은 최초의 근대소설로, 스페인 국민 문학으로 호메로스와 단테 그리고 셰익스피어의 작품에 버금가는 세계 문학의 걸작 가운데 하나가 되었다. 작품의 제목과 작가의 이름은?

바로 세르반테스가 쓴 《돈키호테》다. 미치광이 노인의 좌충우

돌 모험기로만 알았던 이 책을 중년이 넘어서야 읽었다. 언젠가 도스토옙스키의 《카라마조프가의 형제들》을 읽으며 '과연 이렇게 쓸 수 있는 작가가 이 세상에 또 있을까?'라고 생각했는데, 이미 세르반테스가 《돈키호테》에서 그 이상을 써 내려갔음에 놀랐다. 줄거리는 단순하다. 17세기경 스페인의 라만차 마을에 사는 한 신사가 한창 유행하던 기사 이야기를 탐독한 후 자기에게 돈키호테라고 이름을 붙인다. 그리고는 그 마을에 사는, 뚱보에 머리는 약간 둔한 편이지만 수지타산에는 빠른 소작인 산초 판사를 시종으로 데리고 다니면서 여러 가지 모험을 겪는다.

돈키호테를 '미치광이'로 본 내 선입견은 책을 읽고 얼마 지나지 않아 깨졌다. 그는 늙고 정신 나간 데다가 내 곁에 두고 싶지 않은 그런 사람이 아니었다. 그 반대로, 닮고 싶은 사람이었다. 솔직히 돈키호테가 될 용기는 없지만 이 세상에 돈키호테 같은 누군가가 곁에서 나를 지켜줬으면 하는 생각까지 했다.

돈키호테는 '내 명예를 드높여 나라에 봉사하고 정의로운 기사가 될 것이다. 또한 모험을 찾아 온 세상을 돌아다니며 스스로 실천해보겠다'라는 마음을 품었다. 다시 생각을 정리하면 이렇다.

① 나의 명예를 높이겠다.
② 명예를 높이는 이유는 나라에 봉사하기 위해서다.
③ (내 자리에 머무르지 않고) 기사가 되어 모험을 찾아 온 세상을 돌

아다니겠다.

④ (말만이 아닌) 스스로 실천하겠다.

수많은 사람이 돈키호테를 '분별력을 잃었다' 혹은 '미치광이가 되었다'면서 정신이상자로 취급한다. 들판의 풍차를 향해 돌격하는 에피소드는 돈키호테를 미치광이로 보기에 부족함이 없다. 하지만 나는 돈키호테의 다른 면에 박수를 보낸다. 그것은 '무작정의 실행'과 '근거 있는 시작 정신'이었다. 내 마음속 새로운 영웅이 된 순간이었다.

햄릿형 인간이라는 말이 있다. '망설이기만 할 뿐 실행에 옮기지 못하는 사람'을 일컫는 말이다. 이와 반대로 '엉뚱한 행동을 하는 사람' 또는 '깊이 생각하지 않고 즉흥적으로 행동하는 사람'을 '돈키호테형 인간'이라고 한다. 이런 개념에 따르면 돈키호테는 밑도 끝도 없이 성급한 결정을 하는 가벼운 인물일 수도 있다.

하지만 책을 읽으면서 돈키호테야말로 종교와 세습제도, 부당한 재판, 자유로운 사랑의 억압 등 사회 부조리에 정면으로 도전하는 사람임을 알았다. 남들이 억압되고 잘못된 세상에 그저 눈치만 볼 때 돈키호테는 행동으로 세상을 향해 나아가기를 주저하지 않는 인물이다.

이유가 있어서 미친다면
도대체 감사할 일이 뭐가 있겠는가

출간된 지 400년이나 지난 이 소설은 전 세계 작가들이 성경처럼 읽는 역사상 가장 위대한 작품으로 꼽히며, 성경 다음으로 많이 팔린 작품이라고 한다. 대책 없는 미치광이의 좌충우돌 방랑기에 불과했다면 '고전 중의 고전'이라고 추앙받지 못했을 테다. 수 세기가 흐른 지금도 여전히 새롭게 해석되면서 탄탄한 독자층을 확보하는 이유는 작품이 품은 도전과 행동 정신이 매력적이기 때문이리라.

이 소설에는 특히 시작을 못 해서 허둥대는, 실천과는 거리가 먼 우리에게 실행 의지를 촉진하는 수많은 명언이 쏟아져 나온다. 예를 들어 이런 장면이 있다. 누군가 아무런 이득이 없음에도 왜 그런 일을 하느냐고 묻자 돈키호테는 이렇게 대답한다.

"그게 내 일의 멋진 점이라네. 기사가 이유가 있어서 미친다면 감사할 일이 무엇이 있겠는가? 핵심은 아무런 이유가 없는데 미치는 데 있는 것이지."

한쪽 문이 닫히면
더 나은 곳으로 향할 수 있는 새로운 문이 열린다

이유가 있어야 행동하고, 이유가 있어야 미치는 것은 누구나 하는 일이다. 영웅은 다르다. 이유가 없어도 시작할 수 있다.

고백하자면, 나는 이유만 찾고 있었다. 그럴듯한 시작의 동기를 찾아 헤맸다. 왜 시작해야 하는지 생각하느라 수많은 시간을 흘려보냈다. 시작하고 나서도 뭔가 잘 안 되면 곧바로 '이게 잘한 건가?'라며 다른 길을 찾을 이유를 찾는 데 바빴다. 한쪽 문이 닫혔다고 세상의 모든 문이 닫힌 것 같은 표정으로 구석에 처박혀 있었다. 바로 옆에 더 괜찮은 문이 수없이 나를 기다림에도 이미 닫힌 문만 바라보면서 답답해했다.

한 달여에 걸쳐 《돈키호테》를 모두 읽었다. 그리고 돈키호테로부터 세상을 향해 나아가는 방법을 배웠다. 그는 나에게 세 가지를 말해주었다.

첫째, 이유를 찾느라 헤매지 말 것.
둘째, 그냥 시작할 것.
셋째, 돈키호테처럼.

이제 이전의 나보다는 더 잘 시작할 수 있을 것 같다. 그래서 감사의 말을 전하고 싶다.

"그라씨아스Gracias, 돈키호테!"

10 시작을 방해하는 모든 것과의 이별

어렵고 힘든 일일수록 몰입하기까지 오랜 시간이 걸린다. 게다가 우리는 요즘 너무 많은 방해 요소에 노출되어 있다. 시도 때도 없이 울리는 메신저, 세상 변화를 실시간으로 알려주는 SNS 알림 등은 해야 할 일을 시작하는 데 브레이크를 건다. 집중하고 몰입하여 원하는 것을 이루고 싶다면, 아니 제대로 시작하고 싶다면 스스로 방해 요소를 차단해야 한다. 즉, 시작 자체를 방해하는 것을 찾아내어 통제할 수 있어야 한다.

책을 좋아하니 책을 많이 산다. 책을 사다 보니 집에 책이 많이 쌓여 있다. 개인적으로는 "500권이 넘으면 그때부터 책은 집의 쓰레기다"라고 주위에 말하곤 한다. 아무리 집에 티브이가 없다고 해도, 커다란 소파가 없다고 해도 책이 500권 정도 있으면 답답하다. 게다가 책은 생각보다 먼지도 꽤 나온다. 오래되면서 풍기는 책의 향기는 좋지만 눈에 보이지 않게 낡아가는 책에서 나오는 종이 먼지는 '중국발 미세먼지' 저리 가라다.

책을 소유하는 것은 바람직하다. 하지만 일정 수량을 넘어서면서부터 내가 책을 소유하는 것이 아니라, 책이 나를 소유하는 느낌이 들었다. 책을 바라보면 흐뭇하기보다 '피곤하다'는 느낌을 받았다.

시작을 방해하는 것은
주변에 가장 가깝게 있는 그 무엇이다

더 중차대한 문제가 있다. 그것은 바로 쌓인 책이 새로운 방향으로 가려는 나를 방해하는 일이다. 지금이 4차 산업혁명 시대라고 말한다. 물론 우리 집에도 이에 관한 책이 꽤 있다. 하지만 사놓기만 했지 읽고 또 생각한 적은 없다. 왜일까. 4차 산업혁명에 대한 책으로 눈이 가기 전에 시간을 보내기에 더 편한 소설, 에세이, 기타 분야의 책이 유혹하기 때문이다.

물론 교양으로만 책을 읽는다면 관계없을 것이다. 하지만 책을 읽고 통찰을 얻어 글을 쓰는 일을 즐기는 나에게는 책을 무작정 읽는 일은 도움 되지 않는다. 그것은 하고자 하는 일에 대한 방해 요소인 셈이다. 그래서였을까, 나는 늘 한구석에 이런 마음을 두고 있었다.

'지저분하고 복잡해 보여서 치워버리고 싶다.'
'버리기는 아깝고 줄 사람은 없고.'
'샀는데 건들지도 않은 책은 어떻게 하지?'

이제는 이런 고민을 길게 하려고 하지 않는다. 규칙적으로 정리해버리기 때문이다. 주말이 되면 집에 있는 책을 하나하나 보면서 버릴 책을 골라낸다. 물론 어렵다. 그때 필요했기에 돈을 주고 산 책인데 소유 리스트에서 제하는 것은 가슴 아픈 일이다. 하지만 나는 용기를 내어 버릴 줄 아는 사람이다.

버리는 순간
진정한 자기를 발견할 수 있다

우리 머릿속에는 쓸모없는 잡생각이 많다. 그런데 머릿속의 잡생각보다 더 새로운 시작을 막는 것은 눈에 보이는 잡동사니다. 그것을 정리해두지 않으면 무언가를 새롭게 시작하는 것이 어렵다. 시작을 방해하는 것이 무엇인지 알아내고, 과감하게 골라내는 건 새로운 시작을 위한 필요조건이다. 지금 당장 불필요한 무언가를 버리는 것도 능력이다. 또한 미래의 나를 위해 무언가를 잠시 그만두는 것은 역량이다. 하고 싶은 일이 무엇인지, 그것을 위해 당장 무엇을 해야 하는지 깨닫고 싶다면 방해하는 모든 것을 버리는 데 시간을 투자해야 한다.

책을 버리는 일은 일종의 '자기 발견'이었고, '새로운 시작'이었으며, '지금을 살아가게 하는 실천'으로 작용했다. 책이 불과 몇십 권밖에 없었다면 이런 정리는 시기상조였을지도 모른다. 하지만 몇백 권으로 불어난 책을 보면서 답답함을 느끼고 바로 정리해나가면서 비로소 열정을 쏟아야 할 대상을 명확히 발견했다. 더 이상 버릴 수 없다고 느낀 그 순간, 자신에 대한 과대평가 없이 최대한 객관적으로 나를 보는 힘을 얻었다. 그리고 시작할 수 있었다. 다시 말해. 버린다는 것은 시작을 말한다. 버려야 시작할 수 있다. 제대로 된 '리셋'은 바로 그 지점에서부터 가능해진다.

내 경험을 토대로, 특히 책을 주제로 '버려야 시작한다'는 이야기를 했다. 당신에게도 새로운 시작을 위해 버려야 할 무언가가 있을 것이다. 그것은 물건일 수도, 사람일 수도 있다. 과거의 나에서 벗어나고자 한다면, 더 나은 현재를 기대한다면, 미래에 멋진 나를 원한다면 지금 시작을 방해하는 것이 무엇인지 찾아내고 버려야 한다. 버리면서 시작하려고 하지 말고, 버린 후에 시작하라.

03

끝이 어디든
끝까지 해내는
기술

01 그때그때 해내면 인생이 단순해진다니까

성공한 사람들은 한결같이 말한다. "해야 할 일을 하는 순간, 버려졌던 인생의 기회가 다시 찾아왔다." 그들이 말하는 '해야 할 일을 하는 것'이란 별것이 아니다. '그때그때 해내는 것'이다. 속한 직장에서, 시작한 사업에서, 꾸린 가정에서 그때그때 자신에게 주어진 일을 해내는 것뿐이다. 성공하는 조직과 실패하는 조직의 차이가 실행력이듯이 성공하는 개인과 실패하는 개인의 차이도 '행동력', 그러니까 '끝까지 해내는 힘'에 달렸다.

세상이 변한다고 한다. 그래서 상황에 맞게 변해야 한다고 소리를 높인다. 벤저민 프랭클린이, "당신이 변화하기를 멈췄을 때, 당신은 사라지게 될 것이다"라고 한 말은 우리에게는 변화가 필수임을 충고하는 듯하다. 그렇다고 세상의 거대한 흐름에 맞서서 선부르게 행동하라는 말은 아니다. 자신의 주변부터 조금씩 그때그때 바꿔나가라는 뜻이다.

해야 할 일을 한다는 것은
일을 그때그때 해낸다는 것이다

변화를 시도할 때는 항상 새로운 장애물에 대비해야 한다. 새로운 변화에 적응하거나 높은 목표를 달성해야 할 경우에 일어나는 저항은 지극히 정상적인 현상이다. 변화를 수용한다는 것은 지금까지의 자기를 부정하고 새로움을 수용한다는 의미다. '지금까지의 자기를 부정'한다니, 그것이 어디 쉽겠는가. 하지만 역설적으로 쉽지 않은 일이기에 도전해볼 만하다. 하나씩 해내는 순간 변화의 물결에서 한결 자유로워질 수 있다.

그때그때 해내는 데 익숙해지려면 자기 자신에게 협조하는 태도도 중요하다. 자기 자신에게 협조하라니? 생소할 수도 있지만 개인의 변화는 조직의 변화와도 같다. 자기 자신에게 협조하는 태도란, 예를 들어 조직의 리더가 구성원들에게 협력을 끌어내려는 태도와 동일하다. 한 조직의 리더가 협력을 끌어내기 위해서는 어떻게 해야 할까?

① 구성원들이 숨김없이 자신의 단점도 드러내는 분위기를 만든다.

② 구성원들이 갈등이나 충돌도 두려워하지 않도록 한다.

③ 구성원들이 동의하지 않는 결정이더라도 헌신하도록 한다.

④ 리더의 책임을 분명히 한다.

⑤ 조직 전체의 공동 목표에 집중시킨다.

이러한 방법을 실제 자신에게 적용해본다. 우선 자신의 단점이 무엇인지 스스로 알아낸다. 자기가 어느 순간에 실행 의지를 꺾어버렸는지를 잘 안다면 그 순간이 다시 온다고 하더라도 '아, 내가 이런 순간에 쉽게 포기했었지!'라고 자각할 수 있다. 그러면서 다시 한번 실행 의지를 다잡는다.

다음으로 실행 과정에서 갈등이나 충돌이 누군가와 생긴다고 하더라도 '맞아. 이런 일이 발생하지 않으면 그게 더 이상한 일 아닌가?'라면서 겸허하게 받아들일 줄 안다. 지루하고 재미없어지는 순간이 오더라도 '내가 이거 하나 제대로 하지 못할 사람은 아니지 않은가!'라며 지속해서 버틸 수도 있다. 이런 것이 모두 자신에게 적극적으로 협조하는 태도다.

'그때그때 해내려는 태도'와 '나에게 협조하는 마인드'를 갖췄다면 이제 끝까지 실행할 수 있는 기반을 만든 셈이다. 본격적으로 무언가를 완성해내기 위해 할 수 있는 몇 가지 계획을 가져볼 차례다. 결국 끝까지 해내는 행동력은 계획에서 비롯한다. 계획이라고 해서 대단하고 장기적인 것이 아니다. 잠시 계획을 세울 때 가장 중요한 지침으로 삼고 싶은 키워드가 무엇인지 당신에게 물어보고 싶다. 위대한 성과? 철저한 일정 관리? 누군가에게 도움받기? 아니면 돈?

아니다. 끝까지 해내는 행동력을 위한 계획의 핵심은 '그때그때'라는 낱어다. 그때그때 해내지 못하게 하는 계획은 모두 거짓이다. 계획으로부터 도출해내야 할 것은 그때그때 해낼 수 있는 작고, 구체적인 행동이다.

'삶에 기적을 가져다줄 프로젝트'를 고민하지 말자. 3년에 걸쳐 이룰 수 있는, 혹은 매년 초마다 계획하는 장기적 플랜과는 이별하자. 세상은 우리가 1년 혹은 3년의 계획을 갖고 살게 할 만큼 고정적이며 안정적이지 않다. 그것보다는 그때그때 잘 해내려는 계획과 실행을 준비하는 것이 훨씬 낫다. 예를 들어 대학원 석사과정이라고 해보자. 석사 학위를 따내는 것은 하나의 목표일 수 있다. 하지만 그것은 계획이 아니다. 계획이란 그 목표를 이루기 위해서 필요한 수없이 많은 프로젝트의 나열이다.

나 역시 마찬가지로, 인적자원개발 분야의 석사 학위를 취득했다. 처음에는 석사 학위 그 자체가 필요했기에 석사과정을 시작했다. 만약 그 목적 하나만으로 2년을 보냈다면 대학원 생활은 무미건조하기 이를 데 없었을 것이다. '학위만 따면 끝인데'라면서 빼

먹는 수업이 꽤 되었을 것이며, 수업을 들으면서도 아까운 수업료 생각만 했을 것이다. 하지만 나는 대학원 수업을 석사 학위 취득을 위한 어쩔 수 없는 과정이라고 생각하기보다 '새로운 계획을 찾아내는 과정'으로 계획을 세우기 시작했다. 내 시간을 그때그때 해야 할 것으로 충실하게 채워나가기로 다짐했다.

상담이론 수업을 들을 때는 원고에 심리학 이론을 포함해보겠다고 생각했다. 또한 대화법에 관한 수업이 많은 사례를 응용하겠다고 마음먹었다. 결국 수업 시간마다 성장을 위한 계획을 짜는 알찬 순간이 이어졌다. 누군가와 대화를 잘하기 위해 사용할 만한 기법을 배우겠다는 계획, 단행본 원고를 쓸 때 심리학 이론을 포함하겠다는 계획, 강연할 때 교수님들의 괜찮은 수업 방식을 활용하겠다는 계획 등 생각이 넘쳐났다. 그 계획들은 대학원 과정을 단순히 학위 취득 과정이 아닌 인생을 바꿔놓는 전환점이 되는 데 원동력이 되었다.

위대한 성공의 지름길은
그때그때의 작은 성공 횟수를 늘리는 것이다

성장을 위한 성공 루트를 찾아내니 다음에는 다른 과정도 더 쉽게 접근할 수 있었다. 핵심은 지금 당장, 여기에서 그때그때 끝을 보는 행동력에 있었다. 내 정체성을 멋진 사람, 아름다운 사람,

현명한 사람이 아닌 '끝내주는 사람'으로 세팅하기 시작한 것도 이때부터였다. 끝내지 않은 변화는 생존을 담보해내지 못한다. 아무리 좋은 비전이나 전략도 끝까지 해내지 않으면 아무런 의미가 없다. 그때그때 해내는 태도가 삶의 핵심적 가치관이 되어야 한다. 해내야 하는 것은 지금 여기에서 바로잡고 또 나아가야 하는 일이다.

총을 쏠 때 1밀리미터 오차가 1킬로미터를 지났을 때는 100미터 오차가 되기도 한다. 오차는 1킬로미터를 지났을 때 잡는 것이 아니다. 1밀리미터에서 오차가 생겼다면 2밀리미터에서 바로잡는 것이 맞다. 물론 쉽게 할 수 있는 일은 아니다. 하지만 강도 높은 실행을 할 수 있다면, 적절하게 당근을 주면서 자신을 격려할 수 있다면 충분히 해볼 만한 싸움이다.

02

제발 한 번에 하나만 하자

학창 시절에 공부 '진짜' 잘하는 친구가 – 결국 그 친구는 서울대 의과대학에 합격했다! – 한 명 있었다. 친구는 꼭 수학 문제를 풀 때 귀에 이어폰을 끼고 음악을 들었다. 수학에서는 교내 1등, 아니 서울 1등도 했던 것 같다. 나는 생각했다. '음악을 들으면서 수학 문제를 풀면 더 잘 풀어지나?'

당시 유행하던 워크맨을 샀다. 팝송 테이프를 사서 꽂았다. 이어 폰을 귀에 꽂고 수학 문제를 풀기 시작했다. 결과? 괜히 쓸데없는 팝송에 정신이 팔려서 문제를 푸는 데 오히려 더뎠고 수학 성적은 그저 그랬다. 아니 음악을 듣느라 다른 공부를 할 때도 이어폰을 뺄 수가 없었다. '그럭저럭한' 성적이 계속되었고 결국 재수의 길에 접어들었다. 친구는 음악을 들으면서도 수학 문제를 푸는 것이 아니었다. 음악으로 외부 소음을 차단하면서 문제를 풀었을 뿐인데, 나는 몰랐던 것이다.

친구에게 음악은 외부와의 접촉을 끊는 도구였다. 그런데 나는 음악을 들으면 수학 문제를 잘 풀 것으로 생각했으니 착각도 이런 착각이 없었다. 친구는 자신의 '싱글태스킹single-tasking'을 위해 음악을 활용했지만, 나는 음악 때문에 멀티태스킹multi-tasking에 빠져 허우적댔다. 이것도 아니고 저것도 아니게 뭐 하나 끝까지 해내지 못했다. 결국 원하는 것을 얻는 데 실패했다. 사춘기에 들었던 밤 늦은 시간의 음악 프로그램이 감성을 풍성하게 해주었다고 자위하기는 하지만.

여러 가지 일을 한 번에 처리하는 것을 컴퓨터에서는 멀티태스킹이라고 한다. 컴퓨터로 음악을 들으며, 인터넷 검색을 하고, 발표 자료를 만드는 것처럼 한순간에 세 가지 일을 동시에 처리할 수 있는 이유는 컴퓨터가 멀티태스킹을 지원하기 때문이다. 하지만 자세하게 살펴보면 '동시'란 없다.

컴퓨터는 엄밀히 말하면 한순간에 하나만 하는 것이다. 컴퓨터에서 일을 처리하는 것은 CPU가 담당한다. 팔이 움직이는 것은 뇌가 팔에 명령을 내리기 때문인 것처럼, CPU는 컴퓨터에서 일어나는 모든 일을 제어하는 역할을 한다. 문제는 처리를 담당하는 CPU는 하나뿐인데 해야 할 일이 많을 때 발생한다.

옛날 컴퓨터는 음악 듣기가 끝나야 인터넷 검색이 가능하고, 인터넷 검색이 다 끝나야 발표 자료 만들기가 가능했다고 한다. 즉, 싱글태스킹만 가능했다. 동시에 일을 시키자니 처리를 담당하는 CPU가 한 개여서 생긴 문제다. 음악을 들으면서 인터넷 검색을 할 수 없을까? 고안하여 방법을 찾았다. 일을 작은 단위로 나눠서 번갈아 가며 실행시켜보자. 그것도 아주 빨리!

이렇게 되면 그 수많은 일이 마치 동시에 여러 가지 일을 하는 것처럼 보인다. 즉, 음악 듣기, 인터넷 검색, 발표 자료 만들기를 작은 단위로 나눠 CPU가 매우 빠르게 번갈아 가며 실행하기 때문에 세 가지 일을 동시에 처리하는 것처럼 보이는 것이다. 그렇게 컴퓨터는 일을 잘게 잘게 쪼개어 움직이고 순간순간 일을 끝내버린다.

음악을 들으며 수학 문제를 풀었던 나는 동시에 두 가지 일을 하는 것이 아니라 CPU처럼 한순간에 하나만 할 수 있었다. 그래서 음악 듣기와 수학 문제 풀기, 두 가지 일을 빠른 속도로 '번갈아' – 솔직히 음악 듣기가 90퍼센트, 수학 문제 풀기가 10퍼센트 차지했다 – 하는 것에 불과했다. 동시에 하고 있다고 착각했다. 왜 그때는 그렇게 미련했을까.

세상의 수많은 성공 사례는 '한 번에 하나씩만 제대로 하는 것의 중요성'을 설명한다. 위대한 사람들은 자신의 시간을 특히 엄격하게 구분지어 각 시간에는 하나의 일, 즉 싱글태스킹에만 몰두한다. 결국 자신에게 주어진 일, 아니 그 이상의 일을 끝낼 줄 아는 것이다.

세계적 과학자 아인슈타인은 회사에 다니면서 연구했다. 절대적 시간이 부족했던 그는 하루 시간을 회사 일, 연구, 가정일 이렇게 3등분으로 나누었다. 그리고 해당 시간에는 그것에만 집중했다. 우리가 흔히 말하는 멀티태스킹을 꿈꾸지 않았다. 오직 싱글태스킹을 위한 시간 분배만 고민했고, 그 분배된 시간 내에서는 하나의 일만 하는 것을 습관화했다.

한 번에 이것저것 여러 개를 하려는 순간 아무것도 못 한다. 결코 완성에 이를 수가 없다. 하나의 두뇌로 여러 가지를 한꺼번에 한다는 것은 오만이다. 그렇게 진행된 일은 완결성이 부족하다. 실수만 커지고 스트레스만 쌓일 뿐이다. 그럼에도 우리는 여전히 멀티태스킹의 신화에 빠져 있다. 지금 당장 없애야 할 병폐다.

삶을 진정한 성과로 가득하게 하고 싶다면, 무엇에 집중하고 어떻게 몰입하느냐의 문제는 그 무엇보다도 먼저 해결해야 할 선결 과제다. 얼마나 많이 하느냐보다는 얼마나 제한하느냐가 무언가를 끝까지 해내는 데 도움을 준다. 그래야 어떤 행동을 해야 할지

감이 오고 또 그 행동을 해내며 끝을 볼 수 있다.

이 시대를 사는 사람은 대부분 자신이 '멀티플레이어'임을 자랑한다. 하도 복잡한 세상이다 보니 한두 가지 일로는 직성이 안 풀리는 것이다. 한 번에 적어도 두세 가지를 해야 일한 것으로 느낀다. 하지만 그것은 그저 느낌일 뿐이다. '덜 하는' 순간 '제대로 할 수' 있다는 것을 모르는 무지함이다. 무슨 일을 시작했다면 그 일을 마칠 때까지 다른 일을 시도하지 말아야 한다. 바쁘더라도 그것이 답이다. 한 번에 하나만 하겠다는 태도는 해내고자 하는 무언가를 끝까지 해내는 방법으로 매우 중요하다. MIT 뇌신경학자 얼 밀러Earl Miller의 말 역시 앞에서 본 내용을 뒷받침한다.

"우리 뇌는 멀티태스킹과는 거리가 멀다. 사람들이 멀티태스킹을 수행한다고 할 때 실제로는 단지 한 가지 일에서 다른 일로 매우 빨리 전환하는 것일 뿐이다. 게다가 매번 멀티태스킹을 할 때마다 '인식의 비용'이 추가로 든다."

멀티태스킹이란 존재할 수 없다. 무언가를 끝까지 해내고 싶다면 흘러가는 시간에 하나씩만 하겠다는, 즉 싱글태스킹 지향적인 태도를 갖는 것이 낫다. 집중력과도 직결되는 일이며, 생산성과도 긴밀한 관련이 있다. 행동을 좌우하며 결국 끝까지 해내는 힘의 근원이기도 하다. 멀티태스킹의 신화에 현혹되는 순간 오히려 시간만 질질 끌 뿐 행동은 더뎌진다.

시간 관리의 핵심은 그 시간에 무엇을 하느냐며, 한 일을 통해 어떤 결과가 나왔느냐다. 일이 많다고 잠을 줄이려고 애쓰기보다는 충분한 잠을 자되 깨어 있는 시간에 '한 번에 하나씩' 집중적으로 처리하는 방법을 고민하는 것이 옳다.

한 번에 하나씩 하는 것이 인생의 성취를 얻게 하는 슬기로운 태도다

성공하고 싶다면 하나의 시간 단위에 하나의 일만 하자. 잘 해내기 위해서는 모든 에너지를 바로 그 시간에 투입할 수 있어야 한다. 필요 없는 것은 머릿속에서 비워버리고 지금 집중해야 할 '단 하나'를 찾아내어 '올인'하는 것이다. 그렇게 행동하고 그렇게 끝내야 한다. 허핑턴 포스트의 창업자 아리아나 허핑턴Arianna Huffington은 어머니의 일화로 멀티태스킹을 버려야 함을 구체적으로 알려준다.

"어머니가 내게 마지막으로 화를 낸 것은 내가 아이들과 대화를 나누는 그 순간에 편지 봉투를 뜯고 있을 때였다. 어머니는 동시에 여러 가지 일을 하는 내 행동을 경멸했다. 한순간에 백 퍼센트 자신을 바칠 때만 받을 수 있는 선물, 즉 인생을 놓치는 일이라고 말씀하셨다."

멀티태스킹과 이별하자. 한 가지 일에 더 집중하면서 더 생산적으로 일할 수 있는 싱글태스킹을 선택하자. 이런저런 일에 짓눌려 숨을 헐떡이고 시간이 모자라서 또 헐떡거리는 나와 헤어지는 것을 선택하기 바란다. 우리가 지금 해야 할 것은 한 번에 더 많은 일을 하는 법을 배우는 게 아니다. 정작 배워야 할 것은 어떤 일이든 제대로 하는 것 그리고 정말로 해야 할 일을 끝까지 해내는 것, 이 두 가지다. 멀티태스킹이라는 거짓된 '페이스'에 말려들지 않기만 해도 인생에서 성취하는 그것의 양과 질은 다를 것이다.

최선이라는 말에 목매지 마라   03

여행을 가면서 노트북을 주섬주섬 챙기는 자신을 보며 흡족해하면 그것은 일종의 병이다. 보고 싶은 티브이 프로그램을 볼 때도 책을 손에 끼고 있다면 그것도 마찬가지로 병이다. 할 때는 하고 놀 때는 놀아야 한다. 금요일에 야근했다면 주말 반나절 정도는 철저히 자기가 하고 싶은 것을 하기 위해 시간을 내야 한다. 보고 싶은 영화를 보러 가는 것도 좋고, 친구들과 수다를 떠는 것도 좋다. 평일 하루 저녁 정도는 일과 전혀 관계없는 날로 정하면 더할 나위 없이 좋다. 억지로라도 그래야 한다.

힘들고 지친다 싶을 때는 쉬어야 한다. 즐거운 것, 편안한 것을 누리는 데 죄책감을 느껴서는 안 된다. 나는 시도 때도 없이 "최선을 다하라"라고 말하는 사람에게는 주저 없이 '퍽유'를 날린다. 해야 할 때 하는 것 이상으로 안 해야 할 때 하지 않는 것도 중요하기 때문이다. 하지 말아야 할 순간에도 하는 척하는 것은 병이다. 안타깝게도 대한민국의 많은 사람이 앓는 만성질병이다.

우리는 늘 '최선最善'을 다해야 한다고 생각한다. 뭐가 선善인지도 잘 모르면서 '선의 극댓값'을 찾아 헤맨다. 최선을 다하느라 정작 무엇을 해야 할지 잘 모르면서 말이다. 좋은 결과가 나도 그 원인이 무엇인지 알아채지 못한다. 나나 당신이나 아니면 성공한 사람이나 모두 똑같다.

"오래 사랑 받는 배우 되고파…'최선' 다할 것" – 스포츠조선

"의장으로서 책무에 충실할 것이며 주어진 상황에서 '최선'을 다하다 보면 기회가 찾아올 것" – 뉴스1

"내가 할 수 있는 부분에서 '최선'을 다하다 보면 국가대표 승선 소식을 들을 수 있지 않을까 생각" – 마이데일리

"아역 → 성인배우 부담無… 매 순간 '최선' 다하려 다짐" – MBN

이 정도면 '최선 옹알이병'에 걸렸다고 해도 될 정도다. 최선을 다한다는 것이 입에 붙었다. 습관적으로 '최선'을 중얼댄다. 스스로 반짝이는 생각으로 성과를 얻었음에도 무조건 최선을 다함이

원인이라고 말한다. 그런데… 나는 이 말이 지겹다.

특히 타인이 '최선을 다하라'고 하면 지겨움을 넘어서서 짜증 날 정도로 싫다. 최선은 내가 하는 것이다. 그런데 왜 남이 나보고 최선을 다하라 마라 하는가. "당신은 최선을 다해야 한다!"라고 말하는 사람에게 이렇게 되물어주고 싶다.

"그렇게 말하는 당신은 그게 최선입니까?"

최선을 다했느냐 안 했느냐를 상대방에게 함부로 말하는 사람은 역겹다. '최선'이라는 말은 내 마음속에서부터 시작하는 행동이지 다른 누군가가 이래라저래라 하는 단어로 사용될 수는 없다. 백번 양보해서 "할 일은 하신 겁니까?" 정도로 말하는 것은 받아들일 수 있지만 서도.

최선이란 단어에는 '가치'가 들어가 있다. 사람마다 생각하는 가치의 내용은 다르다. 물론 동일한 가치 혹은 비전을 향해 달려가는 조직이라면 어느 정도의 공통점은 있을 수 있다. 그럼에도 그 가치를 실현하는 각자의 모습은 다르다고 생각한다. 나와 다른 인간이기에 다른 것이 마땅하다. 달라야 발전하고 달라야 혁신적인 것을 만들 수 있다.

최선을 다하지 않는다

대신 해야 할 일을 해낼 뿐이다

자발적으로 "최선을 다하겠습니다"라고 외치는 사람이 물론 있기는 하다. 그런데 그것은 일종의 강박증일 뿐이다. 해야 할 일을 하면 되지, 모든 것에 최선을 다해야 할 필요는 없다. 그냥 하면 될 뿐이다. 최선을 다하겠다고 말해놓고서는 행동하지 않고 끝을 볼 줄 모르는 사람은 위선자다. 그런 사람보다야 아무 말 없이 지금 눈앞에 있는 해야 할 일을 할 줄 아는, 그리고 그것을 끝까지 해내는 사람이 진짜다.

최선은 구체적인 실체가 없는 단어다. 최선이란 단어보다는 '해야 할 일을 함'이란 말에 익숙해지자. 자신에게 주어진 것을 있는 그대로 해내는 힘에 칭찬을 보내주고 또 격려해야 한다. 필요하면 "최선을 다하지 않겠다"라고 선언할 수 있어야 한다. 대신 "해야 할 것이기에 그저 행동할 뿐이다"라고 말하면서 주어진 임무를 끝까지 해내자.

최선을 다하라는 말만큼 또 탐탁지 않게 여기는 말이 있다. 바로 버킷리스트bucket list다. '죽기 전에 꼭 해보고 싶은 일과 보고 싶은 것을 적은 목록'을 가리킨다. '죽다'는 뜻으로 쓰이는 속어 킥 더 버킷kick the bucket에서 나온 말이다. 중세 시대에는 교수형을 집행하거나 자살할 때, 올가미를 목에 두른 뒤 뒤집어 놓은 양동이bucket에 올라가면 그것을 걷어차서 목매달았다. 여기에서 킥 더 버킷이라는 말이 유래했다고 한다.

버킷리스트 대신에
오늘리스트가 답이다.

2007년에 미국 영화 〈버킷리스트〉가 상영된 후부터 이 말이 널리 사용되었다. 영화는 죽음을 앞둔 두 주인공이 한 병실을 같이 쓰게 되면서 시작된다. 자신들에게 남은 시간 동안 하고 싶은 일에 대한 리스트를 만들고, 병실을 뛰쳐나가 이를 하나씩 실행하는 이야기를 담고 있다.

"우리가 인생에서 가장 많이 후회하는 것은 살면서 한 일이 아니라, 하지 않은 일"이라는 영화 속 메시지처럼 버킷리스트는 후회하지 않는 삶을 살다 가려는 목적으로 작성하는 리스트라고 할 수 있다. 얼핏 들으면 맞는 말 같다. 하지만 의문이 든다. 버킷리스트가 현재 일상을 누리는 우리에게 유용할까? 버킷리스트는 일종의 허황된 꿈의 표현일지도 모른다.

나는 생활인이다. 버킷리스트가 세계 일주 여행이라고 해보자. 그것이 그렇게 중요한 것일까. 단지 해보면 좋은 것일 뿐 사실 세계 일주 여행이라는 건 그냥 하면 된다. 어려운 일이 아니다. 돈과 시간이 있으면 누구나 할 수 있는 일이다. 버킷리스트보다 더 중요한 것은 '오늘리스트'라고 생각한다. 그것이 우리를 움직이게 하고 하는 것마다 잘 끝낼 수 있게 해준다.

오늘 당장 해야 할 리스트가 없는 사람이 과연 주어진 일을 잘하고 또 끝까지 해낼 수 있을까. 나를 존중하는 것은 하루하루 살아가는 자신을 위해 오늘리스트를 작성하는 일이다. 하루가 모여 한 달이 되고, 한 달이 모여 일 년이 된다. 그 결과로 언젠가 오늘리스트 안에 세계 일주 여행이 적혀 있을지 모른다. 끝까지 해내는 힘은 어디서 오는가? 최선도, 버킷리스트도 아니다. '오늘 해야 할 일을 해내는 힘' 그리고 '오늘리스트' 이 두 가지에서 온다.

모든 일은 가까이
두어야 할 만하다

04

고등학교 1학년 때 있었던 일이다. 삼촌을 보러 갔다. 삼촌은 서울대 의과대학을 졸업하고 개원 의사로 일하고 있었는데, 아버지는 공부 잘했던 삼촌에게 공부법이라도 배우라고 등을 떠밀었다. 특히 수학이 취약하던 나에게, 고3 때 수학 하나만은 서울 시내에서 일등을 했다는 삼촌에게 조언을 받으라는 것이었다. 환자를 보는 중간 쉬는 틈을 이용하여 삼촌과 대화를 나누었다. "잘 지냈냐? 공부 어떻게 하냐? 수학이 어렵다고?" 그렇게 물어보던 삼촌이 한마디를 날렸다.

"네 책상 옆에 뭐가 있니?"

순간 무슨 말인지 이해되지 않았다. 생각나는 대로 "휴지통이요. 아니다, 책가방이 놓여 있죠"라고 대답했다. 삼촌은 그럴 줄 알았다는 듯이 조언했다.

"수학을 잘하고 싶다고 했지? 그럼 복사용지 한 박스를 사서, 용지는 책상 위 책장에 빼놓고 빈 박스는 책상 옆에 둬. 그리고 결심해봐. 올 한 해 빈 박스를 수학 문제 푼 용지로 꽉 채우겠다고. 일단 그것만 해봐."

수학 성적을 올리는 법, 삼촌의 조언을 정리하면 이렇다.

① 복사용지 한 박스를 산다.
② 복사용지는 빼서 책장에 쌓아두고 빈 박스는 책상 바로 옆에 둔다.
③ 복사용지에 수학 문제를 풀고 박스에 차곡차곡 넣는다.
④ 일 년 안에 가득 채운다.
⑤ 수학을 잘하게 된다.

그때 삼촌 말을 들었어야 했다. 병원을 나서면서 '나는 수학 문제를 문제지에 그대로 풀어야 하는 스타일인데…'라며 삼촌의 말을 무시했다. 그것이 결정적 이유였는지 아닌지는 모르겠으나 결국 3년 내내 부진한 수학 성적 때문에 고생했다. 그때 내 곁에 가장 가까이 둬야 했던 것은 빈 박스였다. 그 빈 박스를 문제를 푼 용지로 가득 채웠어야 했다. 한 귀로 흘려보내지 않고 마음에 담아둔 후 박스를 꽉 채우겠다는 각오로 수학을 공부해야 했다. 그런데 무시했다. 아마 그렇게 행동하는 것 자체에 막연한 두려움이 있었던 듯하다.

가장 절실히 원하는 것을 내 곁에 둔다

원하는 것을 이루고 싶다면 집중해야 한다. 집중하기 위한 첫 번째 방법은 원하는 것을 자신의 가장 가까운 곁에 두는 일이다. 내 곁을 가장 원하는 것이 아닌 잡동사니로 가득 채워놓고서는 '왜 나는 이 중요한 것을 끝까지 해내지 못하는 걸까?'라고 고민한다면 그것은 변명일 뿐이다.

집중은 중요하다. 끝까지 해내는 데 핵심 활동이다. 이는 자기 주변 환경이 원하는 데 몰입하도록 만드는 것이 필요함을 의미한다. 주변 가장 가까운 곳에 원하는 바로 그것을 배치해두어, 자연스럽게 그것을 향한 행동이 이뤄지도록 해야 한다. 행동을 일으키는 힘, 끝까지 해내게 하는 힘의 핵심은 한 문장이면 충분하다.

'나도 모르게.'

그렇다. 나도 모르게 손이 가도록 해두어야 한다. 눈을 돌리면 빈 박스가 보이고, 하루에 한 장이라도 박스를 채우겠다는 마음이 들도록 하는 것이 먼저다. 무언가를 끝까지 해내고 싶은 사람이라면 한 번쯤 해볼 만한 삶의 기술이다.

"반드시 해내고야 말 거야!"
"올해 안에 이거 하나는 끝내고 싶어."
"그것 하나 이기지 못하면 내가 사람이 아니야."

이렇게 말해놓고서는 해내야 하는 그것을 책상 깊숙이, 마음 깊숙이 넣어둔다는 것은 '반드시 해내고 싶은 마음이 없는' 혹은 '올해 안에 이것을 끝내고 싶은 마음이 없는' 사람임을 증명하는 셈이다. 이래놓고 결과에 대해 '내가… 늘 그렇지', '올해는 애초부터 목표가 잘못됐어', '꼭 그것만 인생의 다야?'라며 변명과 회피로 일관한다면 남는 것은 좌절밖에 없다.

성공한 사람은 무언가 다르다. 주변을 자신이 원하는 것으로 배치할 줄 알고 또 그것을 실행하는 데 거침이 없다. 그래서 결국 해낸다. 삼촌에게 들은 것과 비슷한 사례가 또 있다. 대학생 때 영어를 잘하는 선배가 있어서 물어보았다. "영어를 잘하고 싶은데 방법을 알려주세요." 선배는 만화라도 좋으니 영화 비디오테이프를 사서 자막을 가리고 보라며, 구체적인 방법을 말해주었다. 티브이 화면 밑에 자막이 보이지 않게 테이프를 이용하여 붙이라고. 그리고는 계속해서 보고 또 보라고. 집에 들어가서 쓸데없는 짓 하지 말고 비디오를 그냥 틀어놓기라도 하라고 말이다.

부끄럽게도 또 실패였다. 일 년 안에 문제를 푼 용지로 박스를 채워 넣으라는 이야기를 무시했던 것처럼 '에이, 그래도 문법도 중요하고 독해도 중요한데 그깟 비디오테이프 반복해서 본다고 영어 실력이 늘겠어?'라는 의문은 내 성취를 막아버렸다.

그 선배는 집에 들어가서 가장 가까운 곳에, 가장 접하기 쉬운 곳에 영어 비디오테이프를 두었다. 그래서 영어 실력을 향상했지만 나는 그것을 행동에 옮기지 못했다. 중년이 넘은 지금도 여전히 고만고만한 – 솔직히 참담한 수준의 – 영어 능력밖에 갖추지 못한 결정적 이유가 아닐까 한다.

해내고 싶은 사람은 몰입할 줄 안다. 몰입은 정신력이 아니다. 그저 눈에 보이면 그것만 할 수 있게 주변을 배치해놓는 일종의 기술이다. 약사인 후배 한 명이 있다. 오랫동안 만난 사이라서 별이야기를 다 하고 지낸다. 아무리 생각해도 공부와는 거리가 먼 스타일, 약간은 자유분방하고 놀기 좋아하고, 뭐 그렇고 그런 후배라서 언젠가 '이런 친구가 어떻게 공부를 잘하게 되었지?'라는 궁금증이 생겼다. 그래서 물어보았다.

"도대체 언제부터 공부를 잘했나?"

"중학교 1학년 때 교과서를 끼고 살았어요. 그 실력으로 대학까지 갔어요."

1학년 때 옆자리에 앉은 친구가 영어를 잘한다고 잘난 척하는 모습을 보고 짜증이 났단다. '저 친구만큼은 이기리라' 생각하고 미쳐서 공부를 시작했다는 것이다. 어떻게 공부했냐고 물어보았더니 영어 선생님이 교과서 '3과' 내용을 수업하면 3과를 하나도 빠짐없이 좔좔 외워서 말할 수 있을 정도였다고 한다.

그 방법 역시 자신이 가장 원하는 것, 즉 '영어 공부'를 위해 영어 교과서를 주변에서 떠나지 않도록 한 데 있었다. 학교 갈 때, 밥먹을 때, 그리고 잠자리에 드는 그때까지도 손에서 교과서를 멀리하지 않았단다.

우리는 보통 '찔금찔금' 노력한다. 그 노력은 눈에 잘 보이지 않으면서 희미해지기 쉽다. 하지만 성공한 사람은 '집요하게' 노력한다. 집요한 노력의 방법은 해내고 싶은 일에 필요한 것을 주변에 배치하는 것이다. 오직 공부만일까. 인생의 모든 면이 그런 것 아닐까.

매일 운동하기로 했다면 운동 시간에 바로 운동할 수 있도록 사전 준비를 해놓는 것이 중요하다. 만일 운동복과 운동화 등을 준비하지 않고 나갈 때마다 찾는다면, 운동이 점점 싫어질 것이다.

이렇듯 주변을 해내고 싶은 일에 필요한 것으로 놓아두는 것이 중요하다.

성공하는 사람은
워밍업 시간이 짧다

워밍업이란 말이 있다. 스포츠를 하기 전 실시하는 준비운동, 엔진이 정상 온도에 달하도록 시동하는 것 등을 말한다. 우리에게는 뭔가를 시작하기 위한 '준비'의 뜻으로 친숙하다.

성공하는 사람은 워밍업 시간이 짧다. 서울대 의과대학을 졸업한 삼촌은 수학 문제를 풀 때 책상 옆의 빈 박스를 보면서 한 문제씩 해결해나갔다. 영어를 잘했다는 선배는 재미도 없는 애니메이션을 비디오테이프가 닳도록 봤으며, 약대를 졸업한 후배는 영어 교과서를 손에 들고 다니면서 한 페이지, 한 페이지를 외워나갔다.

그들은 원하는 것을 하기 위해 필요한 것을 자기 주변에 놓을 줄 알았다. 곧바로 시작할 수밖에 없는 환경을 만들어놓았으며 결국 끝까지 해냈다.

05 내가 해봐서 아는 혐오 활용법

혐오嫌惡.

단어 그 자체로도 기분이 나쁘다. '싫어하고 미워함'이라는 뜻
으로, 특히 최근에는 혐오라는 표현이 너무나 가볍게 쓰이면서 문
제가 되기도 한다. 노인이라는 단어 앞에, 예맨이라는 국가 이름
앞 등에 부정적 감정이 담긴 혐오를 무차별적으로 붙여 남발한다.
'불편함'과 비슷한 느낌이 든다. 그 불편함에는 억겨움, 짜증스러
움 등 온갖 감정이 모두 포함된다.

우리가 사는 세상에는 사람 수만큼이나 다양한 감정이 분포한
다. 예전에는 각각의 감정을 있는 그대로 인정해주며 살아왔다.

하지만 지금은 자신과 다른 범주의 대상에 대해 느끼는 불편한 감정을 모두 '혐오'라는 한 단어로 표현해버린다. 문제는 어떤 감정에 대한 이해가 명확하지 않음에도 그것을 혐오라고 명명하는 순간, 혐오와 더 어울리는 상태로 감정이 조정될 가능성이 크다는 데 있다.

혐오는 나와 다른 모든 것에 대한 적대감을 확대 재생산한다. 이 감정은 누군가와의 관계적 가능성을 막아버린다. 나와 다른 범주의 모든 사람을 혐오로 단순화하여 폭력적인 감정으로 바라보지 않도록 노력해야 한다. 즉, 이 표현에 대한 사용을 최소화해야 한다. 서로 다름을 존중하고 아름다운 사회 속에서 함께 살아가기 위한 노력을 게을리하지 않는 것이 마땅하다.

헛된 꿈을 꾸는 것보다
바꾸고 싶은 것에 대한 혐오가
나를 끝까지 행동하게 한다

그런데… 가끔은 혐오가 필요하다. '무슨 말이야?'라고 어리둥절할 수도 있겠다. 사라져야 할 단어인 혐오가 가끔 필요할 때도 있다. 그것은 자신이 무언가를 끝까지 해내고 싶을 때 혐오가 원동력으로 기능할 때다. 무언가를 해내고 싶다면, 끝까지 해내고 싶다면 행동을 가로막는 것에 대한 혐오, 방해하는 그 무엇에 대한 혐오가 필요하다. 혐오를 '좋은 방향'으로 활용하면 그동안 작심삼일로 하지 못했던 것을 하는 데 강력한 힘을 발휘한다. 나는 무언가 잘 안 된다고 한탄하는 친구나 후배에게 이렇게 조언하곤 한다.

"꿈보다 혐오야. 네가 원하는 것을 끝까지 해내는 데 필요한 건."

자신의 몸을 멋지게 만들고 싶은가? 툭 튀어나온 아랫배, 출렁출렁한 겨드랑이 살을 근육으로 바꾸고 싶은가? 그래서 운동을 시작했다고 해보자. 이때 목표를 이루기 위해 무엇이 필요할까?

① 미래에 가질 멋진 몸에 대한 꿈
② 현재 느끼는 이 몹쓸 몸에 대한 혐오

글쎄, 사람마다 무언가를 해내기 위한 원동력의 기준은 다르겠지만 내 기준에서 본다면 '② 현재 느끼는 이 몹쓸 몸에 대한 혐오'가 답이다. 미래에 가질 멋진 몸에 대한 꿈? 새롭게 시작하는 데 어느 정도 힘을 준다는 것을 부정하고 싶지는 않다. 하지만 끝까지 무언가를 해내고 싶은 사람에게 이 정도의 꿈으로는 부족하다는 것이 내 생각이자 경험이다. 강렬한 꿈만으로 그동안 잘 해내었는가. 그 강렬함을 지속하는 데 얼마나 많은 노력이 수포로 돌아갔던가. 내 경험으로는 꿈을 향한 강렬함이 사그라지는 그때, '바꾸고 싶던 그 무엇'에 대한 강력한 혐오가 행동을 끝까지 지속하는 데 도움을 주었다.

부끄럽지만 경험을 이야기해본다. 불과 몇 년 전까지만 해도 '시발'이라는 욕을 입에 달고 살았다. 중학교 때 친구들과 이 욕을 하면서 '괜한 남성다움'을 느꼈고, 그 왜곡된 생각이 나이 들어서까지 계속 이어진 것이다. 중년이 되어서까지 함부로 시발거리는 나를 아무렇지도 않게 여겼다. 그러다 결혼했고, 또 아이가 생겼다. 언젠가, 아이들을 차 뒷좌석에 태우고 가다 깜빡이를 켜지 않고 앞으로 들어오는 차를 향해 "시발, 깜빡이도 켜지 않고…"라고 했다. 아차, 싶었다. 백미러로 나를 쳐다보는 아이들의 눈을 보았다. 부끄럽고 창피했으며 '무슨 짓을 했는지' 처절하게 반성했다. 앞으로 고운 말을 써야겠다고 생각한 것은 아니다. 그때부터 시발이라고 내뱉는 입을 혐오하기로 했다.

바꾸고 싶다면
혐오를 관찰하고 혐오의 순간을 적는다

자랑스러운, 모범적인 아빠로 바뀌어야 했다. 좋은 언어를 사용하고픈 아빠가 되고 싶었다. 그것은 꿈이었으며, 무작정 그 꿈을 이루기에는 노력이 만만치 않았다. 수십 년간 지속한 습관을 갑자기 없애기는 힘들었다. 언어에 관한 아름다운 이야기를 담은 책을 읽고, 비폭력에 관한 동영상을 열심히 봤지만 쉽게 변하지는 않았다. 그러다 문득 '되고자 하는 목표'보다 '내 모습에 대한 혐오'에 집중하게 되었다. 결심만으로 쉽게 되지 않았음도 고백한다. 그래도 나름대로 이런저런 노력 끝에 이제 저질스러운 언어와 거의 헤어지는 방법을 알아냈다.

첫째, 내 모습을 관찰한다.

우선 욕하는 순간을 찾아내기 시작했다. 그 순간 '아차!' 하고 알아채는 것이 먼저다. 좋은 말을 쓰겠다가 목표가 아니라 '나쁜 말을 발견하겠다'가 목표가 되었다. 그동안 욕설에 젖어버린 입을 한순간에 바꾸기는 힘들었다. 갑자기 아름다운 말이 입에서 나오기를 바라는 것은 당치도 않았다. 기대 수준을 낮추고, 시발이라고 말하는 순간을 관찰했다. 그것만으로도 내 모습을 잘 혐오할 수 있었다. 단순히 관찰하는 데 집중했고, 그것을 계속 마음에 두고 심한 말이 나올 때마다 관찰했다. 그러자 '시발' 횟수는 줄어들었다.

둘째, 관찰한 모습을 기록한다.

관찰만으로는 완전히 고쳐지지 않는다는 느낌을 받았다. 순간적으로 나오는 욕을 관찰하는 것만으로는 완전히 시발과 헤어질 수 없는 것 같았다. 그래서 하나 더 결심했다. 욕이 입에서 나오는 순간 메모하겠다고.

8월 1일(목): 편의점에서 어떤 아줌마가 새치기하는 걸 보고 시발이라고 함.

하루에 시발을 그렇게 많이 하는지 몰랐다. 내 모습이 너무 창피했다. 그렇게 적으면서부터 시발 횟수는 급격하게 줄어들었다. 처음에는 정말 하루에도 열 번 이상을 적었다. 그러다 이 주 정도 지나자 하루에 두세 번 적기도 힘들었다. 한 달이 지나자 일주일에 한두 번도 하기가 쉽지 않았다. 지금은? 글쎄, 분기에 한두 번 하지 않을까. 아니, 1년에 한 번?

지금까지 이야기를 정리해보겠다.

첫째, 꿈보다 혐오다.
둘째, 내 혐오스러운 모습을 관찰할 것.
셋째, 그 모습을 적어볼 것.

고치고 싶은 무엇이 있다면, 그것을 고치고 싶다면 그리고 결국 끝까지 해내고 싶다면 '혐오'를 적극적으로 활용하기를 권한다. 나쁜 습관을 없애는 것은 마음만으로는 힘들다. 다소 불편하더라도 나쁜 습관이 튀어나올 때마다 기록하는 것만으로도 혐오스러운 것을 순식간에 줄일 수 있다고 확신한다. 이런 말 싫어하지만 '내가 해봐서' 안다.

경제학과 학생이 법학과 과목을 악착같이 수강한 이유

대학교 3, 4학년 성적표를 보면 전공인 경제학과 과목보다 법학과 과목이 더 많다. 전공 수업을 듣기도 힘든 판국에 법학 과목을 수강했던 것이다. 친구들은 말했다. "미쳤냐?" 그럼에도 '지금 힘들지만 언젠가 공부한 법학이 인생에 도움을 주리라'라고 생각했다. 결론적으로 말하자면 이 행동은 옳았다. 꽤 많은 시간이 흐른 후 결국 나에게 이득을 주었다.

어쩔 수 없는 취업난에 쉽고 편한 과목을 골라서 듣는 것, 당연히 그럴 수 있다고 생각한다. 하지만 수백만 원을 내야 하는 한 학기 동안 배우는 것이 미술의 이해, 한국 소설 읽기, 노래 부르기 등이라면 허탈하지 않은가. 졸업을 위해서, 취업을 위해서라는 말 인정한다. 그렇다고 피 같은 돈을 낭비하는 것이 과연 옳을까. 아깝다고 생각했다. 그래서 인생에 도움이 될 만한 수업을 악착같이 들었다. 이왕이면 어려운 과목으로, 이왕이면 잘 모르는 분야의 과목을 찾아서 말이다. 졸업 학점도 딱 이수 학점만 채우지 않았다. 졸업 학점에 20학점 이상 초과하면서까지 수업을 들었다. 거의 모두 법학과 수업이었다.

많은 것을 배웠다. 법학이란 것이 사람과 사람의 관계를 매우 정밀하게 규정한 과목이기에 세상에 대한 틀도 나름대로 잘 확립했다. 그때 관심 있었던 사법시험에 도전했다면 좋았겠지만 지금의 나에게 충분히 만족하기에 미련 따위는 없다.

지금은 괴롭고 힘들더라도 미래의 괜찮은 나를 위해 좀 더 가치 있는 것을 선택한다

그때 배운 것들은 직장 생활에도, 그리고 지금처럼 글을 쓰는 데도 큰 도움이 되었다. 특히 '무에서 유를 창조해내야 하는' 훈련 하나는 - 일종의 강제 창의력 도출 훈련 - 저절로 된 듯하다. 예상 외 문제가 나오더라도 전체적인 구성을 생각하고, 목차를 만들고, 교과서 일부에서 키워드라도 찾아내어 제한된 시간 내 답안지를 꽉꽉 채워서 제출해야 하는 법학과 시험 특성은 현재 글을 쓰는 데 힘이 되고 있다.

혹시 다른 사람보다 열심히 살았는데도 인생이 여전히 꼬인 것 같고, 모습이 늘 '그 꼬락서니 그대로'라면 열심히 살았던 시기에 무엇을 열심히 했는지 꼭 한 번쯤은 되돌아볼 필요가 있다. 흘러간 시간을 한탄하라는 것은 절대 아니다. 그것보다는 지난 시간 동안 쓸데없이 무엇에 투자했는지 살펴볼 줄 알아야, 아직도 창창하게 남은 시간을 어떻게 보내야 할지 답이 나온다는 말이다.

눈앞의 쉬운 것, 만만한 것에만 이끌려 '미래와 관계없는 일'에 몰두하는 건 나에 대한 예의가 아니다. 그렇게 해서는 아무것도 해내지 못한다. 행동한다고 모두 괜찮은 결과를 얻는 것은 아니다. 제대로 된 행동만이 인생의 시간을 아름답게 마무리할 수 있도록 도와준다.

지금 조금 귀찮더라도, 아니 힘들더라도 인생에 도움이 될 만한 일을 찾아서 또 그것이 될 때까지 해본다면 보답으로 백 퍼센트 당신에게 돌아온다. 단, 두 가지는 조심해야 한다. 내 경험을 이야기하면 이해가 쉬울 것 같아 공개하고자 한다.

첫째, 자신과 전혀 관계없는 일에 함부로 뛰어들지 않는다.

오래전 일이다. 당시 사업전략 부서에서 근무했다. 숫자를 다루고, 사업 계획을 세우며 일했다. 인터넷 관련 업체였기에 IT 분야의 전문 지식이 필요한 자리였다. 그런데 아마 그쯤이었을 것이다. 물류관리사 자격증 제도가 생겼다고 신문 여기저기에 광고하는 것을 보았다. 그때 덥석 이 시험공부를 하기로 마음먹었다. 당시 나는 '사'자가 들어간 직업에 묘한 열등감이 있었다. 의사, 판사 등만이 아니라 공인중개사, 석사 등에도 말이다. 그런데 물류관리사라니!

열등감과 함께 당시 근무하던 회사에 대한 불만이 -정확히는 그리 잘나가지 못했던 나에 대한 실망감 - 큰돈을 들여가면서 물류관리사 자격증 대비를 위한 학원에 등록하게 했다. 다니던 회사는 작은 규모였는데, 추운 겨울날 사무실에 나와 이러닝 강의를 수강했던 기억이 난다. 어쨌거나 1차 시험을 보게 되었고 아마도 합격했던 것 같다. 하지만 거기까지였다. 1차 시험을 보는 그 순간 물류관리사에 쏟았던 관심이 사라졌다.

이유는 간단하게도, 내가 물류업체를 희망하는 것이 아니었기 때문이다. 그렇다고 해서 무역업에 종사하겠다는 것도 아니었다. 그저 '이 답답한 상황과는 다른 뭔가를 하고 싶다는 생각' 하나만으로 돈과 시간을 들이면서 '일시적 자기만족'에 취한 것이다. 내가 물류 관련 업체에 종사하는 사람이었다면, 상황은 달랐을 것이다. 반드시 합격하려고 했을 것이고, 또 그만큼 이득으로 돌아왔을 것이라고 확신한다. 하지만 아무런 생각도 없이, 그저 '지금, 여기에서 벗어나고 싶다는 망상'에 빠져 일과 전혀 관계없는 데 도전하려고 했기에 성과도 없이 돈과 시간만 낭비한 것이다.

당신은 나와 같은 실수를 하지 말기를 바란다. 무작정의 행동은 어처구니없는 결과를 가져오니 말이다. 끝까지 해낸다는 말은 자신이 원했던 무언가를 이룰 때만이 할 수 있는 말이다. 잘못된 행동으로 엉뚱한 결과를 얻고 돈과 시간을 낭비하지 않기를 바란다.

둘째, 제대로 해내고 싶다면 허황된 꿈에 휘말리지 않는다.

10년도 훨씬 지난 일이다. 금융위기 이전 부동산 활황기였을 때, 주변에서는 멀쩡하던 직장을 그만두고 공인중개업으로 나가는 친구와 후배가 많이 생겼다. 나름대로 짭짤하게 돈을 버는 것을 눈으로 확인하기도 했다. 직장에서 그리 잘나가지 못했던 나는 마음이 급해졌다. '그래, 나도 한번 벤츠 끌고 다녀보자.' 그리고는 '경매'를 시작했다.

결론만 말하고 끝내겠다. 속된 말로 집안 말아먹을 뻔했다. 2000년대 초반 IT 거품 때 어찌해서 벌어놓은 돈을 모두 날려버렸다. 그때 조금만 더 생각이 없었다면, 지금 이 자리에 있지 못했을 것이다. 한탕 제대로 해보겠다는 생각에 수백만 원을 바쳐가며 경매 전문가를 찾아다녔다. 지금 생각해보면 전문가를 가장한 '사기꾼'이었다. 돈 욕심에 눈이 뒤집혀 유치권, 법정지상권 등이 잔뜩 붙은, 그래서 해결만 잘 되면 서너 배를 벌 수 있는 물건들만 나름대로 골라서 낙찰받았다. 결과는, 당연히 실패였다.

제대로 해내고 싶다면 일단 '허황된 꿈'에서 벗어나야 한다. 나는 그 허황된 꿈에 사로잡혀 꽤 많은 시간 동안 축적했던 돈을 날려버렸다. 성과를 얻는 것은 고사하고 내 존재마저 사라질 뻔했다. 다행히 젊은 시절의 순간이었기에 다시 재기할 수 있었지만 그때 모습은 지금 생각해도 한심하다.

자기와 관계없는 일, 허황된 꿈으로 시작한 일, 이 두 가지를 조심하면서 오늘 할 일을 제대로 해내는 데 총력전을 펼친다

열심히 하지 말라는 것이 아니다. 누군가는 '하마터면 열심히 살 뻔했다'면서 노력의 시대가 끝났다, 라고 말했던데 나는 그렇게 생각하지 않는다. 열심히 해야 하며 창의적이고 혁신적인 방법으로 일할 줄 아는 것이 맞다. 하지만 자신이 무엇을 하는지 늘 고민해야 한다. 그래야 제대로 일을 끝까지 해내며 또한 그 성과를 얻어낼 수 있다.

오늘과 다른 내일을 원한다면 남달라야 한다. 그것은 별것이 아니다. 다른 사람이 자기가 하는 일이 단순히 싫다는 이유로 엉뚱한 일에 빠질 때, 또는 허황된 꿈에서 허우적댈 때 우리는 주어진 오늘을 철저하게 잘 해내는 일이다. 퇴근하고 집에 가서 티브이를 틀어놓고 있으면서 '나는 왜 이렇게 제대로 해내는 게 없을까?'라고 한탄만 한다면 그것은 '도둑놈 심보'다. 서점에 가서 미래의 내 모습이 담긴 책도 찾아보고, 유튜브에서 내가 원하는 삶을 살아가는 사람의 강연이라도 찾아보는 노력 정도는 있어야 한다. 그것이 제대로 된 행동이고, 제대로 된 끝까지 해내는 힘이다.

07 행동을 만드는 자기 보상의 힘

시간과 노력을 들여 행동하는 이유는 더 나은 삶을 살기 위해서다. 하지만 뭔가 한다는 것은 늘 어렵다. 그저 재미로, 그저 시간 보내기로 하는 것이 아닌 원하는 무언가를 성취하기 위해 도전하는 일은 잡다한 욕망과 싸워야 하기에 그렇다. 그래서 끝까지 무언가를 해내고자 한다면 적절한 보상이 중요하다. 이때 '타인 보상에 대한 기대'보다는 '자기 보상에 대한 강화'가 무언가를 해내는 데 더욱 도움이 된다.

EBS 다큐프라임에서 〈학교란 무엇인가〉를 방영했다. 이 다큐멘터리는 교육의 본질을 파악하고 참된 의미를 되새기는 목적으로 만들어졌다. 여기에는 초등학교 학생을 대상으로 간단한 실험을 시행하는 내용이 있었다. 초등학교 2학년 학생 10명에게 100분 동안 책을 읽도록 하고 한 권 읽을 때마다 선생님에게 '칭찬스티커'를 받을 수 있다는 규칙을 알려주었다.

타인에게 받는 보상에 연연하지 않는다
자기 자신에게 주는 보상에 익숙해진다

실험을 시작한 지 채 2분도 되지 않아 한 학생이 책 한 권을 다 읽었다며 칭찬스티커를 받으러 왔다. 이후 다른 아이들의 책장 넘기는 속도가 빨라졌다. 칭찬스티커가 효과를 발휘한 것일까. 모두 책 한 권을 읽는 데 2분이 채 걸리지 않았다. 그곳에는 도서 300여 권이 있었는데, 절반은 초등학교 2학년 학생이 읽을 만한 150권과 유치원생이 읽을 만한 150권이 있었다. 아이들은 그저 칭찬스티커를 받기 위해 글이 적은, 즉 유치원생이나 볼 만한 그림책을 선택한 것이다. 위 실험에서는 칭찬스티커에 목적을 두지 않은 학생도 꽤 있었다. 다독이 아닌 정독을 목표로, 타인과의 경쟁이 아닌 스스로 만족을 위해 책을 읽는 학생들이었다. 과연 어떤 학생이 먼 미래에 더 많은 성취를 이뤄낼 수 있을까. 아마도 타인의 보상이 아닌 자기 보상에 충실한 학생일 것이다.

자기 보상에 관심을 두고 목적을 달성하면 자연스럽게 따라오는 '내적 동기'가 더 견고해진다고 한다. 자신의 긍정적인 행동을 자신이 보상한다는 개념을 익히면 '외적 동기'에 덜 의존한다는 것이다. 칭찬을 받기 위해 남을 돕는 것이 아니라, 남을 도와줌으로써 생기는 뿌듯함을 느끼기 위해 스스로 칭찬하는 것과 같은 것이다.

어른도 마찬가지다. 돈, 명예, 승진과 같은 물질적 보상은 나를 행복하게 한다. 하지만 이런 '타인 보상'은 불규칙할 수밖에 없다. 부모처럼 지속해서 아이를 격려할 누군가가 없다면 말이다. 그래서 '자기 보상'이 중요하다. 자신의 행동에 스스로 보상한다는 개념을 안다면, 누군가의 보상에 의존하느라 눈치를 보지 않는다. 또한 스스로 행동하는 데 적극적이며, 결과를 향해 끝까지 버틸 수 있기도 하다.

큰 승리를 위해 지금 자신의 앞에 있는 작은 승리에 충실하려는 태도는 현명하다. 사소한 상황에서도 성공할 기회를 높이며 성취감의 강도를 높일수록 동기부여가 되기 마련이다.

행복을 연구한 심리학 전문가가 "비싸지 않아도 괜찮으니 좋은 사람들과 맛있는 음식을 먹는 횟수를 늘리면 행복해진다"라고 말한 것을 본 적이 있다. 이 역시 작은 성공이 우리에게 얼마나 긍정적인 영향을 주는가에 화두를 던지는 것이 아닌가 싶다.

어떻게 자기 보상을 진행할 것인가. 개인마다 차이는 있을 테지만, 나는 목표를 달성할 때 그 즉시 보상하는 편이다. 물질적 보상이 따르면 좋겠지만, 자신에게 "잘했어"라고 말 한마디 하는 것만으로도 행위에 보람과 재미를 부여할 수 있다. 또 무언가를 잘 해냈을 때는 어떻게 해서든지 물질적 보상을 하려고 애를 쓴다. 회사에서 나름 성과를 냈다면 집에 가다 말고 순댓국을 안주 삼아 소주 한 병으로 자축한다. 또 원했던 분량의 원고를 써서 출판사에 넘겼을 때는 단골 와인바에 가서 좋은 와인 한 병을 따기도 한다.

가능하면 자신만의 '아지트' 몇 개 정도 보유하는 것도 괜찮은 자기 보상의 기술이다. 사람이 북적거리지 않는 카페, 살짝 먼 길을 가야 하지만 맛있는 음식을 먹을 수 있는 식당, 나를 잘 모르는 사람이 모여 책 한 권으로 이야기를 나누는 독서 모임 등이 그것이다. 이런 것들은 마지막 순간까지 해내는 데 커다란 동기부여로 작용한다. 늘 무언가를 하지 못해서 답답해한다면, 또 게으름이 원인이 아니라고 생각한다면 자신을 가치 있게 되돌아볼 수 있는 시간을 누릴 장소를 찾아보라. 게으름을 탓하기 전에 자신의 성취를 너무 쉽게 잊어버리는 자신을 탓해야 한다. 돈이 조금 들더라도 투자해볼 만하다. 그것은 단순한 매몰비용이 아니다. 제대로 된 건전한 투자다.

일회성의 장소라도 좋다. 예를 들어 여행지 같은 곳도 일시적 아지트로 삼을 수 있다. 당신이 직장인이자, 대학원생이라고 해보

자. 홍보팀에 소속되어 있으면서 나름대로 전문 지식을 쌓고자 야간 대학원에 다니며 커뮤니케이션을 공부 중이다. 대학원의 기말고사가 끝났다. 회사에서도 별다른 일 없이 상반기를 잘 마쳤다. 내가 당신이라면 자신에게 멋진 해외여행을 선물하면서 자축할 것이다.

작은 성공에 대한 자기 보상이 모여
위대한 성공을 이룬다

먼 유럽이나 미국을 가는 거창한 여행을 선물하지 않아도 된다. 1시간 남짓이면 닿는 중국이나 큰마음 먹고 베트남, 태국 등도 괜찮겠다. 일정은 짧으면 이틀, 길어야 5일이다. 보통 하루만 연차를 내고 금요일 밤에 출발해서 화요일 아침에 돌아오는 일정으로 해도 된다. 짧은 일정이니 계획도 특별하게 세울 이유도 없다. 여행하는 이유는 오로지 자신에게 '보상'하려는 것뿐이니까. 노력하는 자신에게 응원하고 보상하는 시간은 필요하다. 자기 보상은 스스로 자신을 응원하는 꽤 괜찮은 명분이기도 하다. 명분이 있을 때 우리는 태도를 바꾼다. 중간에 어려움이 일어나더라도 자신에게 명분을 준다면, 일관성을 유지하면서 마지막까지 해내는 힘이 생긴다. 이는 절대 포기하지 않게 하는 힘으로 작용한다.

자기 보상, 각자의 선호에 맡게 정하기를 바란다. 이왕이면 다양하고 또 돈과 시간을 많이 낭비하지 않는, 언제나 가깝게 있는 그 무엇이면 좋을 것이다. 자기 보상은 쓸데없는 데 걱정하느라 시간을 보내는 것을 막아주면서, 한편으로는 자신이 원하는 것을 얻도록 행동하게 하는 강력한 '부스터'다.

08

끝까지 해내는 사람이 가진 비장의 무기는?

무작정의 시작만큼 무모한 짓도 없다. 하지만 그렇다고 해서 대단한 일을 먼저 시작해야 한다는 말도 아니다. 원하는 바가 세상 이치와 자신의 특성에 적당하게 맞는다면 일단 시작해도 된다. 다만 최소한의 기준 정도는 있어야 한다.

원하는 것의 기준은 '하고 싶은 것'이라기보다는 '잘 살기 위한 것'으로 생각하는 게 맞다. 이렇게 생각하면 무작정의 시작과 무의미한 도전은 최소한 막아낼 수 있다. 또한 행동에 들어가서도 후회가 없으며 끝까지 해낼 수 있다. '하고 싶은 것'과 '해야 하는 것'에 대한 비교나 철학적 구분을 하고자 하는 게 아니다. 다만 내가 싫으면 누구나 싫어하듯이 사람은 다 비슷하다. 내가 힘들어하는 것을 잘 해내면 남이 못하는 것을 잘하는 셈이 되고, 그것은 결국 나만의 경쟁력이 된다. 끝까지 뭔가를 해내고 싶다면, 해낸 일을 세상으로부터 인정받기를 바란다면 '나를 괴롭히는 것' 혹은 '나에게 부족한 것'에 초점을 둔다. 그리고 그것을 개선하려는 노력에서 시작한다면 인생을 낭비하는 시간은 대폭 줄어든다.

내가 피곤한 것은 대부분 남도 피곤하게 느끼기 마련이다. 이런 것을 그냥 넘기지 않고 좀 더 잘해보려는 노력을 한다면 다른 사람의 응원이나 도움을 받는 것도 수월하다. 그들 역시 궁금해하고, 해결하기를 원하기 때문이다. 나는 조직에서 대화하는 데 고생을 많이 했다. 그러다 언젠가부터 내 언어를 조금씩 조직의 언어에 맞춰 나가려고 했다. 말을 고치고 싶었고 그것을 통해 좀 더 성장하고 싶었다. 그 결과 동료나 후배에게 그리고 가끔 상사에게 '말이 통하는 사람'으로 인정받았다. 그뿐이랴. 내 경험을 글로 풀어 책으로 내면서, 직장에서 대화로 힘들어하는 독자들이 많은 격려를 해준다. 가끔 술을 마음 놓고 마실 수 있는 인세를 받는 것도 또 다른 기쁨이기도 하다.

자신의 부족한 부분을 고쳐나가는 것은
세상의 부족한 부분을 고쳐나가는 것과 같다

조직 속에서 조직의 언어로 커뮤니케이션하는 것, 어려운 일이다. 가족의 품 안에서 그리고 친구와의 우정 속에서 행하던 말은 조직의 언어와는 전혀 다르다. 짜증스럽고 불편할 때도 많다. 고치고 싶지만 귀찮고 피곤하다. 이때 스스로 고쳐보고 또 그 과정에서 좋은 해결책을 찾아내면 결국 다른 사람의 응원을 받는다. 또 전문가로 데뷔하는 길이 열리기도 한다.

남도 다 좋아하고 다 관심 있는 것은 '레드오션'이다. 레드오션은 경쟁의 그늘 속에 있다. 거기에서는 끝까지 해내기도 힘들고 끝까지 해봐야 나에게 다가올 성과도 그리 크지가 않다. 정말 마지막까지 격려를 받으면서 해낼 수 있고 해내고 나서도 성과물을 자랑스럽게 세상에 내놓기를 원한다면 자신의 부족한 부분, 고치기 싫은 부분을 개선해보기를 권한다.

끝까지 해내는 사람이 잘 활용하는 일상의 기술이 있으니 바로 마감을 적극적으로 이용하는 일이다. 이것을 '마감효과'라고 한다. 미국의 지휘자이자 작곡가 레너드 번스타인Leonard Bernstein은 "위대한 업적을 이루려면 두 가지가 필요하다. 하나는 계획이고, 하나는 적당히 빠듯한 시간이다"라고 말했다. 우리에게는 많은 시간보다 '빠듯한 시간'이 행동을 성과와 연결하는 데 도움을 준다는 뜻이다.

마감효과에 관해서는 일상에서도 찾을 수 있다. 초등학교 3학년 학생 10명을 두 팀으로 나누어 한 팀은 10분 동안 꽃 이름 30개를 외우게 하고, 다른 한 팀은 시간제한 없이 외우도록 했더니 10분이라는 시간제한을 둔 팀의 기억력이 두 배 이상 올라갔다는 결과도 마감효과의 위대함(!)을 말해준다. 마감효과가 제대로 발휘되기만 한다면, 잡스러운 생각을 없애고 집중력을 증가시킬 수 있다. 일주일 내내 처리를 못 하던 어려운 작업을 단 한두 시간 만에 끝낼 수 있을 정도로 작업 효율이 엄청나게 상승하는 것이다. 지금도 수많은 학생, 작가, 직장인은 스스로 마감효과를 적절히 활용하면서 자신의 시간을 풍요롭게 쓴다.

마감은 타인이 정하는 것이 아니라 내가 스스로 설정하는 것이다

하지만 아쉽게도 마감효과는 대부분 늘 누군가의 타율적인 지시에 의해 나타나는 것이 보통이다. 타인이 마감을 정하면 솔직히 끝까지 해내겠다는 다짐보다는 짜증이 앞서는 것이 사실이다. 마감은 '나의 의지로' 그리고 '내가 정할 때' 스트레스도 없고 성과도 좋다. 타인에 의한 마감은 동기부여를 가장한 압박에 불과하다. 동기는 자기 자신에게 부여하는 것이 최고다. 마감 역시 마찬가지다. 할 일의 기한을 자기가 정하는 것만큼 바람직한 게 어디 있겠는가. 그렇다면 어떻게 해야 자신에게 마감효과를 잘 부여할 수 있을까?

일을 잘하는 한 친구가 있다. 현재 중견기업에서 임원으로 일한다. 친구는 성공 비결을 '스스로 마감을 설정할 줄 아는 능력'으로 돌렸다. 평사원이었을 때 상사로부터 지시가 떨어지면, 먼저 마감 기한을 물어보았다고 한다. 상사가 기한을 말하면 그는 마감 기한보다 하루 이틀 전에 일을 마치겠노라고 속으로 다짐한다. 그리고 다이어리에도 마감일을 하루 앞당겨 써둔다. 마감 전날 혹은 며칠 전에 상사에게 슬쩍 문서 초안을 가지고 간다. "팀장님, 말씀하신 프로젝트 보고서를 작성해봤습니다. 혹시 저에게 말씀해주셨던 의도와 일치하는지 궁금합니다"라며 먼저 보고하고 피드백을 받은 후 일을 처리한다.

물론 '먼저 매 맞는 느낌'에 처음에는 주저했다고 고백하기도 했다. 하지만 동료들이 비슷한 상황에서 마감 날에 "이거 도대체 어떻게 할 거야! 왜 말을 안 했어! 오늘 보고해야 하는데 이게 뭐야!"라는 말을 들으며 된통 깨지는 것보다는 나았다고 한다.

마감은 상대방이 설정하는 것이 아니라 내가 선언하는 것이다. 상대방이 마감을 정하고 그것을 받는 데 익숙해지면 결국 내가 통제할 수 있는 건 아무것도 없다. 반대로 내가 마감을 선언하는 순간 일상은 나를 중심으로 흘러간다. 외적 동기에 이리저리 휩쓸리지 않고 내적 동기를 통해 할 일을 끝낼 수 있다. 자기 자신을 타인의 시계에 맞춰 소모하게 내버려 두지 않아야 한다. 그래야 결국 끝까지 해낼 수 있는 것이다.

마감조차 타인에게 미루는 사람은 자기 인생에 대해서는 스스로 마감을 선언하지 않을까.

09

의지만 있으면
할 수 있다는 헛된 망상

계획한 것을 끝까지 해내지 못하는 이유는 무엇일까? 대부분 무엇을 해야 하는지는 잘 알지만 그 방법을 행동으로 옮기지 못하기 때문이다. 당연히 끝을 보기란 하늘의 별 따기다. 마무리를 못 하면서 자신감을 잃어버린다. 그리고는 괜히 자신만 질책한다.

"나는 행동력이 약해."
"나는 의지력이 약해."

글쎄, 왜 괜히 자신의 행동력을 탓하고, 의지력을 탓하는 것일까. 해내지 못하는 이유를 행동력이나 의지력의 부족으로 돌리면 끝까지 해내는 힘을 성장시키기는 더욱더 어렵다. 자신을 멋대로 방치해두는 핑곗거리를 하나 만들었을 뿐인지도 모른다.

의지력이 약하다고 자신을 비난하는 것만큼 자신을 모욕하는 일이 또 있을까?

평소에 없던 의지력을 어느 날 갑자기 만들어내려는 것도 올바른 방법이 아니다. 의지력은 한순간에 생기는 것이 아니라 오랜 기간 훈련을 통해 커지기 때문이다. 그렇다면 도대체 끝까지 해내는 완성력을 위해 우리에게 필요한 것은 무엇일까? 기억해야 할 키워드는 단 하나 '구체성'이다. 추상적인 것을 벗어나 구체적인 것으로 돌아와야 한다. 해야 할 일의 본질적, 보편적 성질을 탐구하는 것도 중요하지만 그 자체가 가지는 개별적, 실재적 성질을 살펴보려는 노력도 필요하다. 꿈, 의지, 노력, 소망 등 추상적 개념을 과감하게 잠시 접어두고 할 일, 한 일, 했던 일에 대한 관찰과 확인 그리고 개선을 하려고 해야 한다.

세상에 맞서는 힘은 구체적인 실행에서 나온다. 두통이 있다면 병원을 가든지, 약국에 가든지, 그것도 아니면 이불을 덮고 잠을 청하든지 해야지 "내 의지가 이 두통을 이겨낼 것이다!"라고 주문을 외워봐야 무모한 짓일 뿐이다. 무언가를 끝까지 해내고 싶다면, 행동력을 극대화하고 싶다면 우리 행동이 구체적으로 정립되어 있는지 분석해볼 필요가 있다. 이 구체성에는 이성도 포함되어야 한다.

예를 들어, 영어 단어를 외우겠다고 해보자. 이때 "그래, 이번 기회에 영어사전 한 권을 모두 외워버리자"라고 선언하면서 수백 페이지 되는 영어사전을 구입했다고 해보자. 그것은 – 사람마다 차이는 있겠지만 적어도 나에게는 – 구체적일 수는 있지만 이성적이지는 못한 행동이다.

그렇다면 어떻게 해야 할까? 구체적인 작은 성공 경험이 큰 성공을 이룬다는 평범한 진리를 가슴에 담았다면 다음과 같이 해보자.

① 일주일 안에 처음부터 끝까지 볼 수 있을 것 같은 영어 단어 책을 한 권 고른다.

(예) 영어 실력이 고등학교 2학년 수준이라면 중학생을 위한 책을 구입한다.

② 빠르게 처음부터 끝까지 읽어 내려가면서 모르거나 생소한 단어를 체크한다.

(예) 한 페이지에 단어 10개가 있다면 그중 한두 개를 체크할 정도면 된다.

③ 자신과 약속한 기한 내 책을 다 보았다면 자신에게 보상한다.

(예) 재미있는 영화 한 편을 보는 정도면 좋다.

이렇게 책 한 권을 처음부터 끝까지 읽어내는 작은 성공 속에서 행동력은 강화된다. 이런 성공이 모이고 모인다면? 결국 자신의 레벨에 맞는, 더 나아가 레벨을 뛰어넘는 수준에도 곧 도전할 수 있을 테다. 작은 성공 속에서 찾아낸 수없이 많은 시행착오가 앞으로 자신에게 다가올 어려움을 극복하는 데 적극적인 도움을 준다. 이렇듯 우리가 지금 당장 해야 할 일이 구체적이고 이성적이어야 하는 이유는 이성을 이기려는 욕망에 지지 않기 위해서이기도 하다. 목표를 왜 세우는가? 혹시 '나는 모바일 게임을 매일 두 시간씩 꾸준히 해서 한 달 안에 500시간을 채울 거야'라는 것이 목표인가. 아닐 것이다. 목표를 세우는 이유는 내가 하고 싶지는 않지만 그것을 하지 않으면 원하는 것을 얻을 수 없기 때문인 경우가 대부분이다. 한마디로 '하기 싫은' 것을 '해야 하기' 때문이다. 하기 싫은 것을 하려고 할 때 본능적인 욕망, 즉 쉬고 싶고, 놀고 싶고, 먹고 싶은 것은 '하기 싫어도 해야 한다'는 이성을 방해한다.

게다가 우리가 해야 할 것은 금방 효과가 나타나지 않는 경우가 대부분이다. 해내려는 일의 특징은 우리에게 인내력, 의지력, 또는 육체적이며 정신적인 에너지를 소모하게 하는 힘든 일인 경우가 많다. 즉 편안하고 재미있으며 심지어 시간 가는 줄도 모르게 하는 일과 극명히 대비된다.

우리의 인내심은 어떠한가. 그리 강하지 않다. 그러기에 더욱 더 행동하는 즉시 효과가 나타날 수 있도록 준비해두어야 한다. 내가 하는 행동이 빨리 효과를 내도록 설계해야 욕망에 패배하지 않는다.

행동의 성과는 그때그때 눈에 보여야 끝까지 버틸 수 있다

끝까지 완성하는 힘을 얻고 싶다면 지나치게 거대한 목표에 두는 의지를 조금은 내려두는 연습을 해야 한다. 우리가 계획했던 수많은 일을 실패한 이유는 만만치 않은 목표에 무작정 덤벼든 경우가 많기 때문이다. 그런 행동은 끝까지 해낼 수 있게 하는 힘의 수준을 낮추고 결국 포기를 불러온다.

원대한 목표는 낮은 완성도를 우리에게 강요하는 경우가 많다. 실패에 대한 회복탄력성도 한두 번이지 계속된 실패는 결국 무언가 해내려는 행동에 대한 의지마저 사라지게 한다. 이러다가는 결국 자기기만에 빠지고, 이런 일이 모여 '나는 아무것도 해낼 수 없는 인간이야'라는 자기 비하에 이르지 않으면 다행인 상황에 놓인다.

지금 해야 할 구체적인 무언가를 찾아내는 것이 먼저다. 목표라는 단어에 매몰되지 말고 당장 할 일을 점검하고 움직이는 일이 과제다. 작고 구체적인 과제를 이성적인 수준에서 충분히 감당할 정도로만 한다면 작은 성공에 기뻐하는 자신을 발견할 테다. 또 그것이 쌓여가면서, 결국 우리는 원하는 것을 얻는다.

10 가끔은 아무것도 하지 않는다

해야 할 일을 잘 미루면 결국 해야 할 일을 더 잘할 수 있다? 할 일을 미루는 행동은 피하고자 하는 무언가에 대한 감정적 반응에서 비롯한다고 한다. 과학자들은 이 현상을 기분회복mood repair 이라고 부른다. 이 말에 전략을 붙여서 '기분회복전략mood repair strategy' 이라는 말도 있다. 불쾌한 기분을 떨치기 위해 의도적으로 주의를 기분 이외의 다른 것으로 돌리는 것이다.

예를 들어 게임하는 등 기분 좋게 해줄 활동으로 시간을 보냄으로써 할 일과 관련된 불편한 기분을 피하는 것을 의미한다. 사람은 기계가 아니다. 일생을 두고 자신이 원하는 것만 향해서 달려갈 수만은 없다. 직장인이라면 점심시간 등을 이용해 지루한 사무실을 벗어나는 것도 추천한다. 겉옷을 벗고 살갗에 닿는 바람도 느껴보고, 미세먼지가 좋음 수준이라면 근처 공원을 배회하는 것 등은 '더 좋은 결과'를 얻어내기 위해서라도 해볼 만한 기분회복 전략이다. '할 일을 하지 않음'에 허탈해하기보다는 '할 일을 더 잘하기 위해 잠시 하지 않음'에 초점을 두는 괜찮은 방법이다.

'할 일을 하지 않음'을 이기는 비결은 '하지 말아야 할 일을 하지 않음'에 있다

예를 들어보자. 나는 공부하는 학생이다. 그런데 갑자기 프로야구 중계가 보고 싶다. 책상 위에 놓아둔 스마트폰을 누르면 볼 수 있다. 잠깐, 불안해진다. '내가 또 이런 생각을 하는구나' 하며 자책한다. 불편하고 답답하다. 이때 어떻게 해야 하는 것이 현명한 기분회복전략일까.

스마트폰을 켠다? 글쎄, 이는 유혹에 지는 것과 같다. 이런 일이 반복되면 할 일에 집중하지 못하는 현상이 계속된다. 이보다는 '보상전략'이 괜찮다. 스마트폰을 들지 않은 나를 그냥 놔두기보다는 적극적으로 자신을 응원하는 일이다. 응원? 냉장고에 넣어둔 아이스크림을 먹거나 잠시 반려견과 함께하는 것은 어떨까? 그 잠시의 순간이 '공부 모드'에서 '스마트폰 모드'로 전환하는 것을 막아준다.

하지 말아야 할 일의 목록만 확실하다면 진짜 해야 할 일을 이루는 데 더 집중할 수 있다. 의미 없이 스마트폰 보기 등 낭비적인 시간을 스스로 인식할 수 있을 정도만 되면 충분하다.

인생의 성장을 방해하는, 하지만 늘 내 곁에서 끊임없이 유혹하는 덜 중요하고 급하지 않은 일을 외면하되 외면한 노력에 스스로 보상하는 것은 굉장한 능력이다. 그것이 끝까지 무언가를 해낼 수 있는 행동력의 원천이기도 하다.

하지 않음이란 어떻게 보면 '매우 적극적인 행함'이라고 볼 수 있다. 해야 할 일을 못 해서 늘 자책하고 괴로워하는 당신이었다면, 이제 하지 말아야 할 일의 목록을 만들어 '하지 않음'이라는 목표 속에 집어넣어 보면 어떨까. 무언가를 끝까지 해내는 사람이 되고 싶다면 해야 할 일의 목록은 줄이고, 하지 말아야 할 일의 목록을 늘리는 것부터 시작해야 한다. 이 두 가지만 기억해도 최소한 쓸데없는 일에 파묻혀 허우적대는 자신과 이별할 준비가 된 셈이다.

성공하는 사람은
나쁜 일을 뒤로 미루는 능력이 탁월하다

하지 말아야 할 일을 적극적으로 미루는 것에 도전해보자. 할 일을 해낸 사람은 중요하지 않은 일을 미루는 능력이 탁월하다. 그들은 가끔씩 아무것도 하지 않는다. 그것이야말로 자신의 성장을 위해 해야 할 일을 해내고야 마는 능력자가 가진, 끝까지 해내는 행동력의 비결이다.